時報出版

人生煩惱相談室

「余計なこと」は全部ゴミ箱へ:そう考えたら、よかったのか!

不要讓煩惱解決煩惱！
停止擔憂、走出困境、豁然開朗的
28 個暖心建議

楠戸太臣————著
胡慧文 譯

目錄

第3章 找到遠不孤單，近不受傷，剛剛好的愛情距離 97

第4章

即使是親情，也需要設立界限 127

作者序

站得高，看得遠，煩惱就會消失

人會有煩惱、不安，這都是為了追求「自己想要的人生」，所衍生出來多餘的東西。可以的話，多想把這些東西全扔進垃圾桶，義無反顧地做自己——你是不是這樣想呢？

我勤寫部落格、出版著作，一路宣揚的信念不外乎是：「潛意識」支配大腦九成的活動。如果懂得善用潛意識，任誰都能夠找出自己真正想要的「正確解答」。

二〇一二年，我的部落格開張，至今已經為千名以上的格友們做過煩惱諮商。

乍看之下，我們都認為「煩惱」似乎是沒用的東西，巴不得早點把它狠狠甩掉。但是，正因為煩惱橫生，我們才會覺察到自己的「使命」，明白自己「真正想做的事」，以把握住自我實現的契機。

我二十多歲時，曾有過自我封閉期，覺得爸媽都不了解我。當時我的工作不如意、感情觸礁、人際關係碰壁，所有的痛苦打擊讓我退縮到自己的世界裡，躲於斗室中，雖然試圖向父母傳達自己的感受，但是他們卻完全不能理解。

然而，也正因為有過這一段痛苦的經驗，我才能夠同理因這類煩惱而受苦的人，並發揮一己之力，給予他們建言。如今回首過去，才明白這些刻骨銘心的磨難其實都沒有讓我白白受苦。

「為什麼會落得如此地步?!」當我們感到大難臨頭的時候，其實代表正有某個「重大訊息」即將出現，而為了察覺這一重大訊息，必須先開啟自己的視野才能感知。

什麼是「開啟視野」呢？只要想像從視野開闊的制高點眺望四方的感覺就對了。

在重重障蔽的狹仄處打轉，將錯失很多風景，如果爬上更高處，再放眼看去：

「啊，那條路繼續走下去就到底了！」

「在那個路口往右轉，可以抄捷徑！」

原先一直在不明處盲目摸索，登高後，全都一目了然。

同樣地，面對煩惱時，不妨試著讓自己登上高處遠眺一番。你應該會見識到不同的風景，恍然大悟：「什麼嘛，原來只要轉念就沒什麼好煩惱了！」

但願這本書能夠消解各位的煩惱，減輕心頭負擔。

楠戶太臣

前言

給總是有太多煩惱的你

寫作本書之際，我正好在部落格廣徵大家的「煩惱」。前來回應的格友們，多半是個性認真執著、責任心強的人，所以煩惱也比別人深刻。

我想，世界上應該有許多人都為類似的遭遇，而身陷同樣的「煩惱魔障」之中，自己或許可以提供一點建議，多少減輕大家心頭的負擔，出於這一發心，於是有了本書。

人際關係的紛擾、對不中用的自己感到惱怒、擔心孩子的教養問題等，這些在許多人心中興風作浪的情緒，背後究竟出於什麼樣的驅動力？

你或許一廂情願的以為，只要把全副心思往問題裡面鑽，就可以找到解決的出路。不過，到頭來卻發現——其實，把這一切全都丟進垃圾桶也無妨！

而當你一一過濾，將認為不需要的東西丟棄後，或許就會找到「真正重要的東西」。

跨越阻礙往前踏出一步的「恐懼不安」，我們就能夠把精力投入在自己真正感興趣的目標，並得以「過自己想要的人生」。

第1章

負面的想法
也可以成為神隊友

Q 1 內向的人，也可以發揮安靜的力量

我從小就非常在意別人的眼光，為此感到十分困擾。如果事先知道自己必須上台講話，還能勉強應付，最怕的就是忽然被請上台，在眾目睽睽下我會手足失措，語無倫次。究竟我該怎麼做才能克服怯場的焦慮？

太在意別人的眼光，是很多人共同的煩惱。

有句俗話說：「棒打出頭鳥。」和別人一樣可以明哲保身，尤其日本人

的從眾意識根深柢固，和周遭的人表現一樣的行為、有同樣的想法，自己才會感到安心，也難怪人們會對世俗的看法和別人的評價耿耿於懷。

不過，我們就別往自己臉上貼金了，以為別人都盯著自己瞧嗎？才沒人會理你呢！（笑）

因為，「每個人最在意的只有自己」。

當我們和別人說話時，心裡多半只專注在自己接下來要如何回應，自己說出去的話會讓對方怎麼想，說不定你關注的焦點根本都在自己身上，內心還想著：「我今天的髮型可以嗎？對方該不會覺得奇怪吧？」

工作也好，感情也好，在人前出糗、失態、詞不達意，要不了三天，對方就會把我們的這些糗事拋到九霄雲外了。

真的是這樣。每個人忙自己的事都忙不完了，誰還有閒功夫管你呢！

無奈，「明知如此，但就是無法不在意別人的眼光」，這是人性的通病。

硬撐出來的完美，隱藏著玻璃心

你之所以「在意別人眼光」，原因就是「非得在人前表現得十全十美」的求好心理在作祟。

「萬一出錯會讓人看笑話！」

「如果讓別人看到自己的缺點，那不是很丟臉嗎？」

因為有企求完美的壓力，所以會這樣苛求自己也就不足為奇了。而且為了做到百分之百完美，只能不斷鞭策自己「還要更努力加把勁」，無端把自己逼到喘不過氣。可以說，愈是認真執著的拚命三郎，就愈容易在乎別人的眼光。

但是，以追求完美為己任，對自己苦苦相逼，你不認為這就形同是一面給自己上手銬，一面又絕望吶喊說：「我硬撐得好痛苦，快救救我！」的矛盾情境嗎？

此外，從小總是被拿來與別人比較的孩子，好勝心也強，不喜歡輸的感覺，常過分在意別人的眼光，他們多半堅信：「萬一被打敗，就無法獲得大家的認同和肯定，所以我一定要成功、要勝利。」

允許自己不完美

我們都以為自己在意的是「別人的眼光」，但其實我們真正在意的是自己。因為只專注在自己身上，才會加諸自己「非完美不可」的壓力。

這麼說或許不近人情，但我仍須直言，這種過度在意自己一言一行的人，骨子裡根本是「心態傲慢」。

我會這麼說是有原因的。你先把標準訂得這麼高，自抬身價，然後才擔心「如果做不到怎麼辦……」，難道這不就是自大的心態作祟嗎？

說到底，其實只有你自以為是地往自己臉上貼金，認定「我必須是完美的才能活下去」！

再說，你以為暴露自己的缺點和不足是件丟臉的事，但周圍的人可不這樣想。

「他手足無措的樣子可愛極了！」

「他無可奈何的表情真迷人。」

你的不完美或許更惹人喜愛，又或是更具親和力。甚至，你的出糗和尷尬，可能也間接鼓舞其他和你同樣「在意別人眼光的人」，並給予他們勇氣。「原來，不是只有我會犯這樣的錯！」

所以，你的不完美反而成為別人的安慰劑。

即使口拙，也能交到朋友

我在學生時代和進入職場工作時，總有必須上台發表，或是陳述自己意見的場合。

當時，總覺得別人都能侃侃而談，表現得可圈可點，自己卻相形見絀，於是變得愈來愈退縮、沒自信。

偶爾看到一兩個人因為緊張過度，上台表現凸槌，我卻一點也不覺得他們遜斃了。不但如此，我甚至還備感安慰地暗想：「呼～原來怯場、語無倫次的不是只有我一個！」從此就和這個同病相憐的人有了交情，甚至結為莫逆。

完美主義的人多半曾有經常被拿來與別人比較的不愉快過去，因此抱持過高的理想標準。所以，與其說他們缺乏自信，不如說他們只是忘記自信。「人有所長，必有所短；人有所明，必有所蔽。」但正因為有短有蔽，這樣的不完美能提升你的親和力，讓別人更願意與你親近，進而促成能與人深交的機會。

敢於展現自己的缺點與不完美，
真實的你會更容易交到朋友。

Q2 找回自信心，不再在意別人的眼光

聚會上，傾心的對象當眾向自己示好，明明應該是兩情相悅的美事，偏偏因為自己缺乏自信，顧忌太多，就故意擺出拒人於千里之外的高傲與冷漠的態度，讓對方碰釘子。是否有什麼好方法，能增強我的自信心呢？

我在拙作《潛意識永遠是對的》（無意識はいつも正しい，中文暫譯）一書中，談到任何人在嬰幼兒時期都是自信滿滿，無論學走路還是學說話，

失敗了一次又一次，卻始終不懂得放棄，挑戰精神可嘉。然而，隨著年齡的增長，或許是受到周遭人的話語和態度影響，加上電子媒體以及環境的加乘作用，讓長大的我們不願再經歷不熟練的狀態，反覆持續同一件事直到學會，進而也逐漸忘卻了那份自信心。

孩子總是專注在自己想做的事和自己正在做的事，全神貫注於自身的挑戰，無暇顧及別人的眼光，所以不會有「好丟臉」、「做不好會很難堪」的煩惱。

因此，當你想要尋回自信時，只管回到孩童時期的專注一心，將意識集中於自己正在做的事，全神貫注。訓練的方法是用具體言語來表達你的想法、感受，忠實反映自己當下的行動或處境。

比方說，在大庭廣眾下，麥克風忽然遞到你面前，要你說幾句話。像這樣突如其來的狀況必然讓你心慌意亂，手足無措。

「怎麼辦？大家都看著我……我非得說點什麼才好……」

這時，請試著將意識集中在自己正面臨的狀況：

「啊，大家都盯著我瞧，我也盯著大家看。我想要說點什麼，偏偏一句話也說不出口。儘管如此，我還是拚了命努力想要說話。」

像這樣，在腦海裡，對自己的處境進行「客觀的實況報導」，可以協助我們把意識凝聚在當下，進而從擔憂不安的情緒中抽離出來。

「我現在正在和喜歡的人講電話。」

「我正在打電腦。」

「我正在滑手機查資料。」

「我正在吃飯。」

全心投入你正在做的事情上，把自己的一舉一動以邊做邊默念的方式進行，你會發現：

「哎呀，我居然正和心儀的人侃侃而談呢！」

「我只要不要太過緊張，也能說出一番道理呢。」

於是這些發現，就能成為重新喚醒自信心的契機。

必須留意的是，這樣的「實況報導」平時就要經常演練，如果不在平日熟能生巧，臨時抱佛腳是很難發揮作用的。

姿勢對了，自信就會跟著來

養成自信心的策略之一，就是「先擺好姿勢」！例如習慣駝背的人，更要隨時調整自己的姿勢。

無論在工作或情感上，人都是天生的「外貌協會」，會憑藉外表判斷一個人是否有自信。

黑道電影裡，讓人呼來喚去的小嘍囉，都是卑躬屈膝的模樣，反觀真正的狠角色，無論何時總是昂然挺立。舉這種例子或許有點怪，但相信大家一看就明白。

姿勢決定你是誰。只要姿勢對了，就能給人自信的好印象。如果姿勢缺乏氣勢，任憑你有一番高見灼知，也無法凌駕渾身散發的自卑與畏縮的氛圍。

因此，想要鼓舞自信心，調整姿勢很重要。若要獲得對方信賴，端正姿勢就能夠發揮可觀的效果。夾緊背後的肩胛骨，視線稍微看向遠方，就像是在與人約見的地點、搜尋對方身影那樣。只是稍微調整姿勢，你給別人的形象就會完全改觀。

從「在乎」、「不去在意」，到「不以為意」

你見過大象在意追著自己尾巴團團轉的那些蒼蠅嗎？應該沒有。蒼蠅要停歇在自己身上，還是要飛走，大象對牠們的來去根本毫不在意。

當我們努力提醒自己「不去在意」時，反而會因為愈害怕發生，注意力愈集中在這件事情上，而變得「很在意」。

利用每天一點一點的練習，專注於以客觀角度實況報導自己動作的每個當下，並注意調整自身的姿勢，你猜，接下來會發生什麼事？

經過心理與身體內外的同步調整，你會提升到超越「不去在意」的層級，而到達「不以為意」的境界。

失敗也好，丟臉也罷，別人要怎麼想，你都能「不以為意」。我們就是要打造這樣的自己。

有趣的是，當你成為這樣的人，你的崇拜者自然會一一出現，誰叫有自信的人就是充滿吸引力呢！

有自信，就不會太在意別人的看法，也會更有魅力與吸引力。

Q 3

展現自信的說話態度，就從練習自我對話做起

不知道是否因為缺乏自信的緣故，我說話的音量很小聲，在職場上老是被主管糾正說，講話要大聲點。我每個月也總是下定決心，「從今天起，一定要厚著臉皮大聲說話」，卻還是改不過來，我該怎麼辦？

「因為沒自信，所以話都含在嘴裡，講話不清不楚。」

「說話太小聲，總是被人一再追問到底在說什麼。」

如果你也有同樣的煩惱，有件事你一定要知道，那就是：人並非是因缺乏自信所以不敢說話，而是因為不敢說話，所以才會沒自信。

那麼，該如何發出信心十足的聲音呢？

人光只是有決心還不夠，決心並不足以改變現實。

當然，如果有教練或老師從旁督促指導，那又另當別論，否則，只是憑藉一時的衝動，是很難扭轉慣性的。這是因為人的潛意識都不喜歡改變，所以總是會設法維持現狀。

因此，要讓「缺乏自信，說話都含糊不清」的你大聲說話，只能採用發聲練習或形象改造，接受「大聲說話訓練」會比較有效。

練習做個「隨時可以開口」的人

我過去也有過同樣的苦惱，為了克服說不出口的心理障礙，刻意用錄音機錄下自己說話的聲音，藉以自我矯正。

有這種煩惱的你，不妨也試著這樣練習。你可以隨意抒發自己每天的心情等，說什麼內容都好。然後你會發現，明明聽眾只有自己一人，又不是說給別人聽，自己卻仍然莫名緊張，講得結結巴巴，不由得心情沮喪。

接下來，你可能又想到：「自己私下說話都這麼彆扭，更別說要上台演講了。在眾目睽睽下連口氣都不敢喘，又怎麼能侃侃而談呢？」想著想著可能還難過到掉眼淚。

然而，這就好比練習揮棒時球都還打不好，卻妄想著：「我一上場就要揮出全壘打，而且還要進入一軍代表出賽！」

再難為情也要學會先「出聲」

在我剛開始練習說話的技巧時，只是對著錄音機說話，一樣語無倫次，但在累積幾次經驗以後，現在即便對著大庭廣眾說話，也能夠滔滔不絕了。而且，我原本還很嫌棄自己的聲音很難聽，漸漸地，讓我自卑的聲音竟也博得大家讚賞，說我的聲音好悅耳。

我想，這應該歸功於我重拾信心，找回原本該有的自信。

每個人都可以對著錄音機練習說話，這不是進軍職業棒球選手的正式訓練，也不是躋身專業歌手行列的發聲訓練，層級完全不同，輕鬆看待就好。

但就是因為太簡單，所以大多數人都不願付諸行動。

結果，煩惱依舊如影隨形，只得花錢花時間參加研習課、訓練營。這些課程當然都不是壞事，但為何不先從任何人都可以實行的簡單事情做起呢？反正又不花一分錢，省下的花費，就拿來買這本書，這不是很好嗎？（笑）

不論你說話聲音小得像蚊子也罷，講起話來期期艾艾也罷，趁四下無人的時候，自己一個人無論是練習聊天，或是模擬職場對話，總之只要勤加練習就對了。

練習自我對話的時候，不用一直催促自己「我一定做得到，要有自信」，這樣的自我喊話只會徒生焦慮。

先發出聲音，然後就會有自信！這是不變的鐵則。

當你不再視開口說話為畏途，漸漸地，別人就會認為「你這個人挺有自信的嘛！」

總之，重點是「先出聲」，儘管挺起胸膛，一切就從「和自己大聲對話」開始！

從「練習和自己聊天」開始，培養說話的自信心！

Q 4

培養有錢人的招財體質，讓錢找到你

我有心想要做投資，但一想到「口袋空空」，不禁退怯，只好死心；想買好東西，無奈阮囊羞澀，只好買便宜貨將就著用；總想賺更多錢，偏偏自己就不是會賺錢的料，始終只能領微薄的薪資過活。難道我注定一輩子都會是個窮光蛋嗎？

為錢奔波的人多半是將金錢視為自己的所有物，才會為錢辛苦為錢忙。

「付出勞力工作，以換取相對的金錢報酬」，在這樣的社會主流機制運作下，理所當然會認為到手的金錢就是「自己的錢」。但是，從另一個角度來說，這些金錢何嘗不是「自己暫時擁有的東西」呢？

如果沒有這樣的認知，那麼每次付錢的時候，就會感到痛苦萬分，彷彿自己的東西被別人奪走一樣。

付錢就是投給對方「肯定票」

付錢的時候，你是以什麼樣的心情拿出鈔票的呢？

比方說，當你掏錢買一本書時，你的心情是：「啊，我的錢飛走了！」還是認為：「這是為了讓自己更好的自我投資」呢？我想，每個人對花錢買書這件事的解讀完全不同。

日本有句俗話說：「金錢本在天下人手中流轉。」想要成為財神眷顧的有錢人，就不要把金錢當做自己的資產，而是視為「眾人共同推動的流通物」。

當有了這樣的想法後，在每一次掏錢時，就要抱持著「我是為眼前這個人加油打氣」的心意。因此，買書的時候，可以在內心想著：「感謝你們將這本書送到世上，幫助我成功，請繼續加油，讓更多有益社會的好書面世！」像這樣以感恩的心態來掏錢買書。

無論是去便利商店買甜點、到百貨公司選購衣服鞋子、在餐廳或咖啡店用餐，甚至是在網路商店購物的時候，都以欣然領受好處的心情來付錢。

但願大家能認知到，金錢不是用來換取物品的對價交換工具，而是為創造及生產物品的人加油打氣所投的「肯定票」。

舉例來說，當你搭乘電車、巴士、計程車時，對於車廠、鐵路公司、計程車行、列車長、駕駛員等所有相關從業者，心中可以想著：「下次還會接受你們的服務，屆時再請多多關照！也請繼續為大家用心服務！」然後帶著為他們加油打氣的心意，付出該付的車資。

領到薪資時，就想著「有人在為我加油」

如果每次付錢的時候，能在內心養成這樣的對話習慣，日後當自己拿到薪資或報酬時，自然會想：「啊，有人在幫我加油打氣了！」於是，體內便能源源湧現幹勁和求好的上進心，覺得自己可以繼續加把勁！

在日本，有錢人容易成為眾人「眼紅的對象」。但是，當我們重新調整觀點，「賺大錢」這件事，就意味著是得到許多人的肯定支持了。

人之所以對於發財致富感到罪惡和慚愧，是因為這個社會認為談「錢」很膚淺，滿腦子想著賺大錢也很俗氣，因此金錢就失去了該有的循環。由於人的潛意識會在無形中想要取得平衡，便會認為自己不配有錢。

你或許不能夠一夕暴富，但是可以從今天起改變想法，把鈔票當做「投給對方的肯定票」。

抱持這樣的觀念，你就不會在付錢的時候，因為錢變少而感到心疼，也不會為缺錢而煩惱不已。

當我們對金錢的態度豁達，能夠以「我是用金錢給予對方肯定」的心態來看待花錢這件事，也是為金錢的流通鋪好前路。

金錢是一種能量，讓錢財流動，就能賺取更多的財富。

Q5 思考自己「想要」什麼，而不是「害怕」什麼

我活到這把年紀，不論於公於私，都是小心翼翼看人臉色行事。我覺得好累，想要辭掉工作，只做自己想做的事，和志同道合的人來往。然而，對於收到那些讓我厭煩的親朋舊友、公司前輩的旅行和飯局邀約，我不知該如何巧妙回絕，才能不傷彼此的感情，能不能教我幾個好方法呢？

「只做自己想做的事，和志同道合的人往來，但又不會傷害周圍的人」，

這不正是大家都求之不得的生活嗎？我也想要過這樣的生活呢！（笑）

只是，事情都有一體兩面，有好就有壞。

顧慮周遭人的感受，雖然可以維持人際關係和諧，但是拚命討好別人也會把自己累壞；不在意別人感受，固然能忠於做自己，大幅減輕心理壓力，卻又無可避免會傷害到人際關係。

總之，顧全了一方，就顧不了另一方，事情總是難以兩全其美。

一直害怕失去，就無法抓住美好未來

其實，這位格友隱藏著未說出口的心思，就是「害怕失去」的內心恐懼。

然而，若想重新調整工作和人際關係，就必須有所取捨。

比方說，換了工作以後，也許可以從現在的職場困境中解脫，但是之前辛苦建立的業績、合作默契和人脈，很可能也得重新經營與累積。

對於未來的未知挑戰，一旦要走出舒適圈，任誰都會感到忐忑不安。然而，若是不願接受「害怕失去的恐懼」，事情就不會有進展，只能繼續妥協並受制於現狀，那美好的未來永遠都只是存在於想像中的烏托邦。

雙手緊握不放，就如同踩著恐懼的剎車，想要到哪裡都前進不得，更別說能掌握全新發展的可能性。

⑪ 相信自己的價值，就是緊握「上天交給你的通行證」

想放開恐懼的剎車，勇敢踏下前行的油門，你得做出「必要的覺悟」。有以下兩個步驟：

1. 清楚寫下你目前恐懼的事。
2. 接納恐懼，做好前進的覺悟。

其中，「做好前進的覺悟」是最困難的一步。但其實，「做好前進的覺悟」和「上咖啡店或餐廳，決定要點哪一種飲料或餐點」，同樣都是要下定決心才能完成的，想必後者對你來說應該不困難吧？

而且，真正有所覺悟的人是不會和別人討論的，一旦自己決定好方向後，就會義無反顧地上路。

請記住：「千萬別瞧不起自己！」

當你肯定自己，相信自己很棒，有存在的價值時，就形同手握「上天交給你的通行證」一樣。

「萬一被別人討厭怎麼辦？」

「如果失敗，會成為眾人的笑柄！」

「倘若錢花光了，往後日子怎麼過？」

「若是關係弄僵了，彼此都會很尷尬……」

每個人或多或少都會有如同上述的「內在恐懼」。

但是，別擔心！無論我們做了什麼或是不做什麼，如果會被討厭的話就無法避免被嫌棄，大限來臨的時候就會一命嗚呼，注定失敗就一定會慘遭滑

鐵盧，沒錢的時候就是會口袋空空，關係變淡的時候自然會漸行漸遠。（笑）

因此我敢這樣說：「抱著恐懼不放，將來成功或幸福的可能性是零；但若選擇轉念，放手一搏，儘管將來成功或幸福的可能性是個未知數，但至少還有勝算的機會。」

所以，你要選擇哪一種？

成為更好的自己

所謂的「轉念」，我認為是相信自己有了不起的才能、實力、好運和價值，所以值得擁有更多的愛、更好的收入、更多的肯定、更受歡迎、更加活力充沛，把人生過得更有意思！

而且，你完全不必為此勞心費力，只要允許自己「變成更好的自己」就行了。然後，放掉「恐懼」的剎車，領取「上天給的通行證」。

具體的作法是，每當有人對你表示體貼、誇獎你、對你友善、提供你有用的資訊、請你吃美食、送你禮物，你只管坦率接受他們對你的好意，誠心向他們說謝謝。就這麼簡單！

所謂「握有上天給予通行證的人」，就是「自我存在價值受到認同的人」。

當你受到讚美的時候，可以心想：「太好了，我拿到一張上天給我的通行證呢！」

藉由每天肯定自己的價值，你的想法與人生觀也會發生變化，使「恐懼」的剎車逐漸鬆開。這麼一來，轉念也只是早晚的事，而且變得出乎意料的簡單。

過去之所以必須小心翼翼看人臉色，是因為想藉著討好別人博取認同，設法鞏固自己的價值。但是，當你已經肯定自己的價值，還需要向人乞求認同嗎？

你會自然而然地做自己，並且認為「自己的人生順利穩當是理所當然」；然後，那些你想認識結交的人也會不請自來，一切水到渠成。

畢竟，你可是握有「上天給的通行證」，美好未來的大門已經為你敞開，正等著你大駕光臨！

善用上天給予的通行證，肯定自我價值，就能開啟通往美好未來的大門。

Q6 職場冷暴力的應對之道

長大成人以後，我頭一次領略到被人霸凌的滋味。在職場上被人當空氣、冷言冷語對待，我大受打擊。但沒想到其他人竟也都有過類似的遭遇，而且她們還說「女人的世界就是這麼一回事」，真叫我無言，我萬萬沒想到自己竟也掉入這樣的職場歧視中。面對這種不公平的對待，我該怎麼辦？

職場霸凌這個議題經常被討論。其實這個難題的解決之道再簡單不過，那就是：不要和對方在同樣的層次上共舞。會把別人當空氣、大小眼看人，都是水準低落的行為，千萬不要讓自己落得和這種人一樣。

當然話是沒錯，這道理誰都懂，但是知易行難啊！「我不甘心，我被害得好慘啊，我一定要報仇雪恨！」

遇到惡意對待，任誰都會情緒激動，氣憤難消。但是，請不要緊抱著這種壞情緒不放手。

沉溺在負面情緒中，是解決不了任何問題的。對霸凌自己的壞蛋恨之入骨，咒罵不已，只會助長負面情緒持續膨脹，形成強大的負面循環。

惡霸同事可以敏銳地接收到你的攻擊電波，並且會直覺認為：「居然還敢不爽，我看你能多猖狂！」說不定還更加重霸凌的力道。

所有經驗都是自我成長的養分

叫人遺憾的是，霸凌普遍存在世界各個角落，尤其是在清一色為女性的職場。這是由於女人特有的集體意識容易作怪，她們會把同性的同事當作敵人。但是，我仍然要重申一開頭的呼籲：「不要和對方在同樣的層次上共舞。」你強烈的報復心，反而會刺激對方更不善罷干休。

公然被人當空氣，或是遭到排擠孤立，任誰都會感到很受傷。為了不讓傷害加深，我建議大家利用不必與加害者打照面的休息時間，或是上化妝室的時候，進行自我的心靈修復，而且進一步從被霸凌的經驗裡，找出學習的養分，並藉此自我提升。

比方說，學習養成不屈服於負面能量之人的強大心靈、重新檢視自己的言行能否更尊重對方，又或檢視是否因無心的話語誤踩了對方的地雷等，找出自己溝通上的缺失後再加以改進。

默念「一切都會沒事的！」就能逆轉困境

最後，加碼傳授大家一句不會輸給霸凌惡勢力的「神奇咒語」。

我自己有過任職於多個職場的工作經驗，見識過各種人，別說是被人當空氣、遭受冷嘲熱諷或壞話攻擊、被酷愛自吹自擂的傢伙狂轟炸，甚至遭到職權騷擾迫害等，都可說是家常便飯了。

當受到蠻橫無理的對待時，我會默默在心中大聲誦唸「神奇咒語」：「一切都會沒事的！」

這句話展現你具備足夠的自我覺悟，它代表著：「無論別人如何挖苦或說壞話攻擊我，或遭到無理對待，我都不認輸。這些試煉、大風大浪，都是為了自己要不斷提升和成長而產生的。儘管放馬過來，一切都會沒事的！」

當一個人具備這樣的覺悟時，事情總會發生不可思議的轉圜，即便是滔天大浪也會逐漸平息，隨著時間流逝，好事就會莫名降臨。

以我個人的經驗來說，當在心中默念「一切都會沒事的！」，不斷向自己堅定喊話表示絕不屈服，那些對我冷嘲熱諷的傢伙，不是因為人事異動而調職，就是自己離職。

「即使所有事都衝著我來，我依然好得很，一切都會沒事的！」對自己植入這樣堅定的意識後，首先發生改變的，就是你的臉部神情。自信和堅定的心會形諸於外，顯露在表情和眼神上，你說出來的話語也會充滿力量。

當你的外在氣勢足以震懾對方不合理的言行，或是即便不到「震懾」的地步，起碼也不至於墮入和對方同樣低劣的水準，得以保護自己，並與惡霸同事保持一定的安全距離。

這句「神奇咒語」不僅限於職場，遇到談戀愛或人際關係障礙，還是自己的目標遭受阻礙，甚或早在狀況發生之前，都可以使用。

而且，別只是在應急的時候偶一為之，要經常持咒，這樣你堅定不移的自信終將開花結果。

無論任何時候，都要接納自己、自我肯定！抱持如此覺悟的同時，也不要忘記自己的價值要自己保護。

對自己有信心，堅信自己的價值，
不要因為他人的攻擊就自我懷疑。

第2章

切斷負能量連結，保護自己的正能量氣場

Q 1

「懊悔」比「失敗」更令人恐懼

童年的陰影、工作的過失和感情的不如意，總是不經意地浮現，然後我會無法自拔地一再懊悔自責。我該如何斬斷過去的種種不愉快呢？

日本知名重量級職業摔角選手及綜合格鬥家豬木安東尼，當年宣布從職業摔角擂台引退時，曾經發表一段動人的談話：

「一個人只要停下腳步忘記戰鬥，他就會老去。用不著害怕繼續往前走是否會有危險，因為一旦害怕便無路可行。只要往前踏出一步就會有路，你的這一步自然也會成就一條道路。別猶豫，只管邁開步伐吧！邁開步伐你就會明白一切。」

當一個人燃燒鬥志，滿懷「我要成功、我想成功、我要變得更好」的理想時，就不太會被過去的煩心事給絆住。相反地，失去「我要成功」的想法和動力，每天過著一成不變的生活，就容易想起過去不愉快的種種，哀嘆著「早知道當初就該那樣做」，於是悔恨交加或憤怒不已，甚至經常反芻懊悔的苦澀滋味。

快樂的人經常召喚好運

事實上，潛意識的運作只會收集內心認為重要的訊息。因此，「把事情想像得栩栩如生，猶如身歷其境般真實」，就會被我們誤以為真的實現了。沒錯，這就如同想像自己咬了一口檸檬，自然會流口水一樣。所以，一再回想過去不愉快的畫面，沉浸在負面情緒中，潛意識的作用會讓我們再度體驗當時悔恨、悲痛的感受。

老是處於憤怒狀態的人，無論神情、思考模式和言行都會受到怒氣的支配，接二連三招惹種種令他們暴跳如雷的壞事。相反地，內心充滿歡喜的人則會一再召喚開心幸運的好事降臨。

許自己一個happy ending的人生

要把愛鑽牛角尖的自己從負面思考的泥淖中奮力拉出來，你必須運用正面的字眼重新定義自己的人生，斷開過去的陰影。

比方說，被男（女）朋友甩了、工作上出差錯、錢關過不去、和爸媽爭執，多數人面對這些情況大概就此心灰意冷，連連哀嘆：

「唉～我的人生沒指望了。」

「做人好苦啊！」

但是，你也可以換個角度想：

「在我注定歡樂的人生中，也是會有被男（女）朋友甩了、工作上出差錯、錢關過不去、和爸媽口角爭執的一連串倒楣事發生啊～」，像這樣用積極正面的字眼，來重新定義自己的人生。記得，還要加上自己覺得「人生就是場喜劇」的生動想像。

其實人生就如同一部電影或電視劇，就算最後結局是圓滿的 happy ending，過程中也一定會有失敗、挫折、必須克服種種的艱難險阻。

「我的人生勢必有高山和低谷，但最終會是幸福的結局。我會拭目以待精彩的 happy ending！」

「人生嘛，就是要開心！」

如果能夠認清現實，你就會義無反顧地向前走，不再頻頻回首，或是懊悔不已。

然而，對於「自己的人生終歸是幸福結局」的設定和想像，如果僅僅只是偶爾為之，你很快又會被慣性帶回到老愛沉溺於過去的狀態。所以你必須不厭其煩地不斷提醒自己：
「我的人生注定是圓滿結局！」
「人生就是要歡樂！」
如此一來，無論是負面情緒也好，惡運降臨也罷，你都能夠泰然處之，心想：「雖然現在一時跌到谷底，但沒關係，反正終歸有好事在等著我！」
「現在心亂如麻又如何，歡樂人生也需要加上一些煩惱才精彩嘛！」
藉此學會坦然接受不能改變的逆境。

一定要相信你的人生劇本會是happy ending！

Q 2

擁有滿滿正能量的人，不會奪取別人的能量

我總是不自覺地對家人、同事、朋友說教，用自以為是的高傲姿態給別人意見。只要稍微不順我意，就會冷言酸語，因此大家對渾身帶刺的我敬而遠之，在見面或相處時都十分尷尬。我該如何改掉自己愛說教的壞習慣呢？

誰都曾挖苦嘲諷過別人，或是忍不住對人說教。尤其是對關係愈親近的人，說話就愈容易肆無忌憚。

當人用高高在上的姿態說話時，會感到興奮激動，睥睨一切的優越快感不禁油然而生。

如果事後回想起來，會感到自責懊悔，那表示你還有救，最怕的是對別人頤指氣使，或強迫推銷自己的見解和價值觀，事後還沾沾自喜，認為自己「做了一件好事」，偏偏這樣的人非常多。

這類尖酸刻薄、說教訓斥的行為，都是在掠奪對方的能量，是不折不扣的「能量吸血鬼」。

有自信的人、把熱情投注在理想抱負的人，他們的能量不假外求，用的是「自家發電」，而且在放電的同時，也在接收外面的正能量，形成能量的自然循環。

他們不需要經常找人吐苦水，或是喋喋不休地抱怨，也不必說人壞話、挖苦嘲諷、訓斥說教、力圖改變別人的觀點，因為他們本身已經具備滿滿的能量，根本不必再從別人身上掠奪。

正向積極的生活，才能激發正面的能量

好好吃飯，好好運動，好好睡覺，傾注熱情在理想上，幫助其他人，如果可以做到這樣，任誰都可以憑自家發電生出能量，也就是充滿夢想、幹勁、熱情和元氣。

但是，縱容自己有理想卻不去實現，只挑對自己有好處的事才行動，是無法生成正能量的。此外，愛看負面報導、喜歡擅色腥的八卦，或是成天滑手機、看電視，四體不勤，懶居不動，能量也會愈來愈微弱，因而導致想要

支配別人，好從別人身上掠奪能量。

幸好，只要願意一步步實現理想，培養良好生活作息，重新取得身心平衡，我們又可以找回那個渾身是勁、充滿活力的自己。

你的信任，能激發他人的能力

至於愛說教、喜歡強出頭的人，我給的建議很簡單，那就是時時警惕自己——對方能做的事，要給予全心信賴。

每當又想自以為是地貶損挖苦人時，要提醒自己，對方既不需要我的指導，也不稀罕我的意見。

你以為別人都很需要你的建議嗎？那可不一定。當你疑心：「現在我想說的這些話，做這些事，該不會都是在多管閒事？」別懷疑，十之八九準沒錯！

順帶一提，容易自以為是的人多半能力都很強，而且愈是能力強，就愈不放心別人做事，因為自己做得又快又好，所以樣樣都想事必躬親。

但是請記住，「不託付給別人做」＝「剝奪對方的機會」。人總是會因為別人的請託而開啟新的學習機會，獲得新發現，因而增長自己的能力。

把所有的事全攬在自己身上，這不是為別人著想，而是在剝奪別人的機會和能量。

給人機會，並且信賴交託，能引導對方找到光明的未來，我們也會因此成為更高明的領導者。久而久之，自己渾身的尖刺便會一一剝落。

與其振振有詞的說教，
不如全心信任對方的能力。

Q3 擁有「拒絕被支配」的勇氣

每次只要我一開口，先生就會打斷我說話，即便聽我說完話，也總是反駁我、否定我。他對我百般挑剔，讓我覺得怎麼做都不對，而且動不動就對我發脾氣，家裡也總是瀰漫著低氣壓。難道我要一輩子都看先生的臉色過日子嗎？

剝奪別人能量的途徑有兩種：一是支配，一是依賴。

「支配型」的人有強烈的表現欲，總想把自己的價值觀強加在別人身上、愛對別人說教、凡事都忍不住給意見、出手干預。這類型的人往往自認很懂得照顧人，常以高高在上的態度給小輩們睿智的教誨。

「依賴型」的人則喜歡扮演悲劇主角，利用弱者形象博取別人的同情，靠著表現自己的弱小、受傷無助在背後默默地支配對方。這類型的人容易隨波逐流，把希望寄託在別人身上，萬一期待落空，就責怪、懷恨別人。

親子依附關係會代代相傳

任何人都可能兼具「支配型」與「依賴型」這兩種特性。一般來說，我們會在這兩種表現之間遊走，取得適度平衡，但是當承受過大的精神壓力，導致失衡時，其中一種特性就會過度表現出來。

舉例來說，從小乖乖聽大人指揮的孩子，容易發展成為「依賴型」。長大成人以後，便會習慣聽命特定對象的指揮，也期待周圍的人能給予明確的指示與回應。

這樣的人在結婚生子後會黏著孩子，而且把所有的期待都投注在孩子身上，就像當初父母對待自己的方式，把同樣的親子關係複製在自己和下一代身上，繼續支配著孩子，要求孩子按照自己設定好的道路過人生。

從「點餐」開始，學會表達主見

如果你是「依賴型」的人，那麼奉勸你試著做到兩件事：一是「不要凡事都靠別人」，二是「要養成表達自己意見和想法的習慣」。

一開始要勇於向人表達自己的意見，雖然不容易做到，但你可以先嘗試在社群網站或自己的日記上，寫下內心的想法。

還有，像是到餐廳吃飯時，別老是吃別人點的菜，要自己主動點想吃的食物、想喝的飲料，這也是自我訓練的一環。當別人問你「晚餐想吃什麼」時，別再回答「隨便」、「都可以」，試著說出自己想吃的東西。經過反覆練習，你就可以從一直看別人臉色、唯唯諾諾的小心應答中，一步步走出來，勇敢而大聲地說出自己真正的想法。

試著先從「小事」開始，說出自己的真心話。

Q4 別再為小事生悶氣

我最討厭在公共場所（大眾交通工具、商店、電影院和醫院等）看到不守規矩的缺德鬼，每次一看到這些人心裡就是氣ＰＵＰＵ，超級煩躁。面對這些淨給別人添麻煩的傢伙，該如何排解我的情緒？

網路和智慧型手機大為普及以後，苦於人際關係、不知如何與人應對的人變多了。我還發現因為缺乏自覺，造成別人困擾卻渾然不覺的人似乎也變得更多了。不但如此，到處都有「只要我喜歡，沒什麼不可以」的討厭鬼橫行。

當然，懂禮貌、守秩序的人畢竟還是多數，所以才會使得自私無禮的人特別引人注目。就像是牙痛的時候，我們會把所有的注意力放在那一顆痛牙上，而不會去關注其他沒事的牙齒一樣。

能量校準，斷開憤怒

直到數年前，我也都還有著「嫉惡如仇」的個性，看到有人不守規矩就暴跳如雷，心情久久難以平復，像是那個人為什麼要前後甩盪收好的傘，難道他不知這樣甩很可能會打到人嗎？還有一些人上下電車時直接插隊、隨手丟垃圾、邊走邊滑手機不看路……總之，每次走在路上都會暴怒。

無法忽視有人缺乏公德心的壓力，和滿腹無處發洩的怒氣，這些都會耗損我的精神，害我連工作都無法保持專注，做任何事也是三分鐘熱度。

不過，我終於明白，對那些白目、厚臉皮的人大發雷霆，根本是在浪費自己的能量，然而當時對這個道理渾然不知的我卻一直以為工作缺乏幹勁和耐心，是由於做事不得要領的緣故，甚至嫌惡自己總是過於情緒化。現在才知道，我實在錯得離譜。

之所以事事不順心，原因只有一個，那就是我把自己的能量（幹勁、想望、熱情）放到錯誤的方向了。

當我了解這一點之後，只要見到沒品的缺德鬼，察覺自己忍不住又要大動肝火的剎那，便會立刻提醒自己：

「我正在浪費自己的正能量！不要再把寶貴的能量虛耗在不愉快的地方、虛擲在與自己八竿子打不著的人身上，簡直是太浪費了！」

能量應該投注在必要且有利於自己的事、讓自己感到愉快與幸福的事上，這樣才是使用能量的鐵律！

透過「斷捨離」，打造能量氣場

此外，平日也必須提升自己生活周遭的氣場能量。

人是一種會強烈受環境左右的生物。也就是說，環境的氣場可以為我們帶來元氣，也可能銷蝕我們的能量。

比方說，去聽偶像的演唱會，可以為我們帶來滿滿的活力，全場樂迷同嗨的能量共振，還能發揮加碼效果。

相反地，去醫院看病，在候診室久候，即便只是小症狀，就診後仍覺得渾身虛脫，能量彷彿被掏空。這全都是環境能量場的影響。

所以說，居家環境要時時勤打掃，務必保持窗明几淨，捨棄不必要的物品，好讓自己隨時處在正面環境能量場的庇蔭中。

用不到的名牌紙袋，還有超商或超市給的包裝袋、免洗筷和湯匙等，總以為會有用到的一天，但是這一天往往不會到來，不如狠下心把它們都處理掉。

家中到處堆滿用不到的東西，徒然招惹塵埃，縱使有心想要做點什麼，光是找東西就得浪費不少時間，這些都會一點一滴耗損我們的能量。

這裡漏掉一點，那裡耗損一些，本來為了「很想做的事」而蓄積的能量，也都消磨殆盡了。

不但如此，當我們對雜亂無章的居家環境忍無可忍，動了「非整理不可」的念頭，從動念的這一刻起，能量就開始消耗了。這道理就好比智慧手機的ＡＰＰ，一旦處在啟動狀態下，電池（能量）便開始消耗，但這種耗電的現象，卻往往容易被我們忽略。

為了將能量投注在自己真正想做的事上，對於其他事應盡量採取「節能模式」。這個大原則一定要把握住。

看到別人不守規矩、缺乏公德心，就讓你氣憤不已，其實是自己的潛意識在提醒你：「你在無端浪費自己的能量！」「你的熱情用錯方向了！」

若你能意識到這些訊息，就不至於放任自己的情緒過度膨脹，耗費了寶貴能量。何況，即便你不落下自己的「正義之鎚」，這些傢伙總有一天也會學乖，明白不可以給別人添麻煩。

建立好自己的正面能量場，把焦點聚集在真正重要的事情上。

Q5 打造受人喜愛的好性格

我想成為受歡迎、贏得大家好感的人，該怎麼做才好呢？

無論是戀愛或是工作，若不能贏得人心，就不容易順利進展。贏得人心的入門基本功，在於面帶笑容。笑臉的效果說穿了就是「召喚好運」。日本女子偶像團體AKB48單曲《戀愛的幸運餅乾》（恋するフォーチュンクッキー）的歌詞也是這樣說的。

當我們笑臉迎人，別人可能會有這樣的反應：

「不知為何，他最近看起來特別順眼。」

在不知不覺間，別人逐漸對你產生好感，你就已經站在贏得人心的有利起點。

缺乏界線的過度關心，就是強迫推銷

接下來的重頭戲在於「預見未來」，也就是仔細觀察對方，洞悉對方的動向。

無論是談戀愛或工作，都講究人際關係上的「服務精神」。

例如，在餐廳用餐時，見到對方杯子裡的飲料快要空了，就貼心問：

「要不要再來一杯？」稍微展現你貼心的「服務精神」，對方會感到心花怒放。

「我現在想要這件東西」，「那我給你」，只要供給和需求拿捏得宜，人際關係就容易圓滿。

相反地，對方已經說「不需要」，你卻熱心過度，拚命遊說：「你都不知這東西對我來說有多好用！」這就成了強迫推銷，只會造成對方困擾。

當我們急於討人喜愛，表現過度，不免就容易流於強人所難、強迫推銷的情境裡。

所以，對方如果面露難色，表示「現在時間有點不方便」，我們就必須當機立斷，立即打住，不要造成雙方尷尬，這是基本的應對進退。

受人喜愛的三大要素

現在把重點整理一下，具體而言，想要得人緣，讓人們喜歡你、樂於親近你，以下三要項能夠幫上大忙。這三要項共通的關鍵字，就是「坦誠」。

成為「共鳴高手」——把對方的話放在心底，並給予回饋

三大要項之一，是成為「共鳴高手」。

比方說，當有人告訴你「這部電影很有意思」時，你會怎麼做呢？

如果是「共鳴高手」，就會盡快找時間看完這部電影，然後立刻把自己的感想上傳社群網站，與對方分享，或是在下次見面的時候，趕緊給對方反饋。

想像對方接到你的回應，會是什麼樣的感受呢？想必一定很開心！「我並沒有要求你看這部電影，但是你聽了我的意見，很認真當一回事，不僅跑去看，還願意分享心得。所以我喜歡你！」你的共鳴讓對方產生認同，讓人要不喜歡你也難哪！

成為「接受高手」——坦率接受，推動善循環

其二，是做個「接受高手」。

當別人稱讚你、給你情報、對你表示友善時，你只管大方接受。然而，基於東方人的教養，面對別人的餽贈時，總會推辭再三。

一來是有「不知如何回禮」的壓力，二來是自認「無功不受祿」，認為自己沒有做到對等的「貢獻」，不足以承受別人的餽贈、稱讚或好意。不

過，悍然拒絕別人給予的美言或善意，就某種意義來說，其實是傲慢的表現，因為這形同剝奪了對方「給予的權利」。

反觀「接受高手」則不同。他們總能樂於接受別人的好意，所以別人會不由自主地想要讓他們開心、見到他們真誠的笑容。而且在他們坦率收下餽贈的同時，也推動了善的循環。

從現在起，無論別人贈予你有形的禮物或無形的讚美時，請不要想太多，儘管大方收下，然後誠心道謝就好。

成為「建議高手」——讓人見到你「想幫忙」的誠意

「我會做這些事，不知能不能幫上你的忙？」你可以像這樣採用試探性的問句，向對方展現自己想幫忙的誠意。

人有各種需要，你即使不具備特殊專業技能，還是可以貢獻某方面所長。比方說：

「你在找好吃的餐廳嗎？我知道不少好餐廳，有需要辦懇親會的話，我可以提供建議。」

又比方說，看到同事正愁不知該買什麼樣的小點心送客戶時，甜食控的你可以貢獻自己的小小心得：「某某店家的甜點，特別受女性歡迎喔！」這也是盡了一份心意。

能適時為人出好主意，又不咄咄逼人造成壓力，讓人感覺「有你真好」，自然會受到大家歡迎。

做個令人感到輕鬆又溫暖的人

我們固然要向共鳴高手、接受高手和建議高手看齊，但是一不小心，就容易流於「強迫推銷」。

比方說，把田裡剛採摘的、帶著泥土的新鮮蔬菜興奮地捧到對方面前說：「快嘗一口，好鮮甜喔！」這就未免太為難人了。對方嘴上不說，心裡或許不太愉快：「要請人吃東西，至少也洗一下吧！而且如果做成美味佳餚，不是更有誠意嗎？」

想贏得人心，「體貼」是很重要的，記得要「將心比心」。

受到大家喜愛的人，總是善於透過共鳴、接受和建議，用笑臉讓周圍的人感到輕鬆愉快而溫暖，這樣的人身邊必定好事不斷。

「笑容」＋「坦誠」
可為人生帶來九成的順境。

第3章

找到遠不孤單，
近不受傷，
剛剛好的愛情距離

Q1

不過度討好別人，捨棄想愛又怕受傷害的戀愛煩惱

三十多歲的我對談戀愛既期待又怕受傷害，至今仍未和女性正式交往過，總是還沒發展到親密關係就被甩了，最近甚至連跟女孩子說話都失去勇氣，我懷疑自己是不是罹患了「愛情恐懼症」。我該怎麼辦才好？

一般來說，個性內向、深思熟慮的人，不分男女，都比較容易有「愛情恐懼症」。

「對方會怎麼看我？」
「萬一對方討厭我怎麼辦？」
「我是不是會讓對方不開心？」
在還未展開行動前，就已經先卻步。
對方的心意和感受都不是自己能夠掌控，對於不可掌控的事卻一直患得患失，也難怪會感到心力交瘁。所以一想到必須「向對方表達愛慕之情」、「開始交往以後，必須努力了解對方，盡量不讓對方討厭自己」，自然會倍感肩頭沉重，不勝麻煩，害怕談感情。
對談戀愛既期待又怕受傷害的人，心態多半不是積極的「努力讓對方喜歡我」，而是消極的「努力讓對方不討厭我」，小心翼翼地看對方臉色。
我認為，這種「害怕對方臭臉而卑躬屈膝」正是戀愛談不下去、無法與心上人建立親密關係的最大原因。

想要「讓對方喜歡我」的人，當然會拚命力求表現。以開餐館來比喻，就好似餐廳主人會賣力向顧客推薦自家的強項：

「我們的生菜沙拉用的都是農家契作的有機蔬菜。」

「本店主廚在義大利學藝十年，我們只提供最道地義式披薩。」

「在本店用餐奉送豪奢百萬夜景，享受別家沒有的浪漫氣氛。」

讓客人聽得心動不已：

「哎呀，下次一定要找朋友過來嘗嘗。」

「下次約會就決定在這裡了！」

反觀那些門可羅雀的餐廳，既缺乏行銷熱情，也不懂得強打賣點號召顧客。

「我們家餐廳說不上難吃啦⋯⋯講到氣氛嘛，就普普通通，差強人意啦⋯⋯」

聽到這樣的介紹，你還有興趣光顧嗎？

「想要對方喜歡我」和「不想要對方討厭我」完全是兩回事

選擇餐廳也好，選擇談戀愛的對象也罷，本質其實都一樣。

「清潔打掃不是我的強項，但我的廚藝可是有真傳的。」

「跟著我，一定會讓妳過好日子。」

「我會用這輩子守護妳。」

面對如此散發自信魅力的人，很難不叫人動心，而缺乏自信、畏首畏尾的人，當然不受青睞，這兩者的差別就在於心念的出發點不同。如果僅是以「不讓對方討厭我」為出發點，就等同是向對方發出訊息說：

「我不是什麼有肩膀的男人。」

「我是個對自己沒信心的女人。」

如果你想要聽到對方向自己表白說：

「我非你不可。」

「我就想要妳當我女朋友！」

現在，就要立刻把「不想要對方討厭我」這種念頭丟進垃圾桶。因為這是以自我為中心的想法，乍看似乎態度謙遜，實際上卻是心態傲慢。因為這些話的背後就像是透露出：「我不是什麼有肩膀的男人，但是我希望妳接受我、喜歡我。」、「我不想要特別努力，但是你得喜歡上我。」這簡直是豈有此理、強人所難嘛！

「心動不如馬上行動」是談戀愛前的熱身運動

那該怎麼做才能夠捨棄「不想要對方討厭我」的念頭呢？

首先，「心動不如馬上行動」，這就是談戀愛前的熱身運動，儘管放手一搏。先從簡單的小事下手即可。

「我現在想喝水」，那就立刻去喝杯水！

「我現在想上廁所」，那就立刻去，別遲疑！

當心中浮出念頭，「我似乎該洗衣服了」，別光想，立刻起身行動！

不斷地「將意念轉化為實際行動」，久而久之，你會把「想做的事，只要付諸行動就能夠達成」的想法植入自己的潛意識中。同時，顯意識也會接收到，「我是個只要有心就能夠辦到的人」，自信心便由此產生。總之，要展現即知即行的積極行動力。

當然，有些事並非想做就可以立即付諸行動。這時，只需在心中默想：「我現在先暫時放一邊。」養成用大腦思考，自己做決定，自己付諸行動，自己達成目標的習慣以後，內在自然會形成自信心。

如果要從此告別「害怕對方討厭我」的意識，不再事事看人臉色，就請實踐「想做的事立刻去做」的生活。

換個角度，把自己的缺點變優勢

無論如何，你都要找出自己的優點，哪怕只有一項也好，像是自己覺得的強項、曾有人誇讚的優點、自視不凡的長處……總之，全都去找出來！

即便是消極的人，也可以欣賞自己「始終堅持負面思考的專注力」，又或是善變、求新的人何嘗不是好奇心旺盛、眼觀四方耳聽八方的能人。像這樣，一旦懂得調整觀點，缺點也可以變成了不起的才能。

只不過既然要改變，自然是從負向變成正向比較好。只要調整專注力與好奇心的方向，就會有意想不到的好事發生。

體育界也好，藝術界也好，無論是唱歌還是搞笑，找到自己擅長的地方，就能擁有屬於自己的一片天。

所以，對情場裹足不前的人，也要專注在自己的強項、長處才好。

找出自己獨一無二的優點，
養成即刻行動力，
便能穩定發展戀愛關係。

Q 2 真愛，就是卸下完美的偽裝

我希望對方能認定我是他心目中的好女人，能不能教我讓戀情永遠甜蜜的好方法呢？

人難免會感情用事，單憑個人感覺論對錯和決定好惡。即便明知這樣做似乎太自我又隨性，然而一旦感情用事，自己的價值觀、想法和行為都會因此產生改變，變得盲目，甚至不可理喻。

有誰願意被詐欺犯騙得團團轉呢？偏偏一旦喜歡上對方，也會被騙得心甘情願。

有些女人心中已經隱約感知到，「只要發現苗頭不對，這男人可能會無情無義，狠心拋棄我」，卻還是抗拒不了對方，甘願把自己的人生豪賭在能說善道、漫天畫大餅的男人身上，對他的左一句「我這輩子只愛妳一人」、右一句「我一定會成功」的甜言蜜語癡迷不已。

人是具有「說故事能力」的動物。既然是故事，就不免有弄虛作假的情節，過份強調自己的優點。當然，我們也可以理解講故事的當事人並非刻意欺騙，只是想讓自己有面子，或是為自我保護、不想受傷害，因此下意識地編造故事情節來自我膨脹。

接受粉紅泡泡破滅後的真相

尤其是戀情正熱的時候，為了博取對方歡心，或是想要讓自己看起來更與眾不同，不分男女都愛編故事。眾所周知，男人偏好的故事典型，就是吹噓自己的英勇事蹟。

倘若雙方都甘於一直活在故事裡，那也不成問題。只是，在維繫長久幸福關係的過程中，終究會露出破綻。

當隱藏在故事背後的真相就快藏不住之際，對方是否願意理解你、接納你、原諒你，這就是重點了。

所謂的真相是指「對方的真面目」（潛意識）。交往中的兩人，內心總會有在意的疙瘩，像是質疑對方「為何遲遲不肯結婚」，或嫌棄對方是「花錢不知節制的月光族」、「優柔寡斷又說話不算話」。

即使答應結婚，後續還會有要不要生孩子、對孩子的教養觀念是否同調、與親朋好友的關係維繫、如何照顧老邁父母等層出不窮的問題。而諸多問題的出現，正是見識彼此「真面目」的時刻。

雙方可以趁此機會，驗證對方「之前講的故事」與「現在的行為」是否一致。萬一出現落差，兩人是否能夠共同攜手渡過難關？

這位格友希望對方始終認定自己是他心目中的好女人，要請教永保兩人感情甜蜜的祕訣。

她對於「永浴愛河」的定義，如果是「永遠甜甜蜜蜜、如膠似漆」，那只要把故事說得生動美妙，再發揮高超演技，堅持演下去，應該就沒有問題。

然而，所謂的「愛情」可不一樣。愛情的展開，是由你會如何接納及克服彼此不願讓對方見到的真面目所決定。能否接納對方的真面目，又或者可否超越現實落差的障礙，決定了兩人的關係是否能夠繼續維繫。

不再臉紅心跳，「愛情」才真正開始

「戀愛」一詞，造得極其貼切。起初先有「戀」，「愛」才隨之而來。注意，不是「愛戀」喔！

也就是說，雙方最初是為了塑造自身完美形象而編造故事，並懷抱著期待和憧憬去接近對方。當雙方交往之後，在逐漸窺見真實面貌的過程中，測試對方的反應。

倘若雙方願意接受彼此的真實面貌，接納並尊重對方，才能維繫永浴愛河的伴侶關係。

走過最初的意亂情迷、為對方神魂顛倒的日子以後，戀人的甜蜜感覺會變得淡薄，當你發現對方令你愕然一驚的真面目以後，如果能依然尊重對方、喜愛對方，通過一連串的考驗之後，才能進階到下一個繼續發展的階段。

倘若對方展現出不如預期的真面目，我是否願意接納？只要有一方對此打退堂鼓，兩人的關係就會一拍兩散了！

那到底「如何讓對方始終認定自己是他心目中的好女人」？到頭來，還是得自問「我是否值得對方信賴」？

值得自己信賴的對象，我們才願意以心相許，長相廝守。特別是男性，往往會不自覺尋找充滿母愛、即使展現自己最脆弱無助的一面，也能很放心的女性做為終身伴侶。

還有，你也別寄予對方過度期待。沒有過高的期望，就不會想要控制對方、支配對方，兩人自然可以相處愉快。

看見對方的真實面貌，就是測試自己包容力的時候。

Q3 結婚不是人生必須完成的大事

從學生時代開始交往，順理成章步入禮堂；聯誼認識，進而共組家庭；透過親友介紹締結連理……為何有些人進入婚姻不費吹灰之力，有些人卻是婚姻絕緣體，兩者的差別究竟在哪裡？

我認為，對於婚姻沒有太多執著與設限的人，比較容易完成終身大事。

或許，那些看似不費吹灰之力就順理成章走進婚姻的人，在結束單身之前，其實也曾有過不少內心掙扎。只不過，最後他們選擇看開，告訴自己說：「算了，就決定是這個人吧！」

容我在這裡調個書袋，據說日文「看開」（諦め）的語源來自「看清楚」，意思是不受束縛、不執著的超脫態度。

「現在時機差不多成熟了，該結婚了。」乍看之下，這樣的「看開」似乎是種妥協，但換個角度看其實是種超脫的想法。

「人與人的緣分本就是講求同氣相投。頻率相同的人自然會彼此吸引，所以眼前的對象與我的頻率正好合適，就和他（她）結婚吧！」這是正向的看開。

基於正向思考所締結的姻緣，婚後倘若繼續督促自己成長、尊重配偶、心懷感恩、為家庭努力打拚，這就是一種美好的了悟。

不是「不結婚」，是「結不了婚」

想結婚又結不了，而來找我訴說心事的人，少說有好幾大卡車。和他們深談的結果，我發現這些人的內心深處大多是焦慮擔憂和寂寞難耐的情緒。

他們把全副心思都放在自己的負面情緒上，為了逃避難以面對的情緒壓力，轉而尋求婚姻的救贖。對他們來說，尋覓一樁幸福的婚姻簡直難如登天，但也並非絕對不可能。

然而，結婚絕非終點，結婚的當下，或許是擺脫了剩男和剩女的婚姻焦慮，但接下來的現實婚姻生活，往往與理想中的婚姻生活相去甚遠。對此，我已經聽了不少苦主的怨言。

想婚，不昏頭

所謂「執著」，就像是分明已經吃飽，食物都滿到喉嚨了，卻因為捨不得浪費，硬是繼續把飯菜塞進胃裡面。如果你執著的點在於，「如果放手讓這個人離開，我這輩子大概就再也找不到更好的對象了」，那麼這樣的執著和前面談到的了悟，也就是「正向的看開」，意義可不同了。

另外還有「現在的我好寂寞，真想找個人結婚。我來讀幾本勵志書，努力吸引好對象上門吧！」這類想法的人，是以「排遣寂寞」為前提找另一半，即使未來結了婚，也會因為「對方工作忙碌，把我晾在一邊」等原因，最終仍然在婚姻中感到寂寞。

「已經到適婚年齡，為了讓父母安心，加上周圍的人都紛紛結婚了，我再不努力脫單怎麼行？」像這樣因為受限於世俗的價值觀、在意旁人的眼光，而急於結婚的人，以為結婚就是自己幸福的歸宿，滿心期待在擁有「已婚」的頭銜後，人生能從此高枕無憂。像這種人進入婚姻生活，往往會有很多抱怨、忿忿不平，像是大吐「我要的不是這樣的生活」、「我當初怎麼會看上這種人」等之類的苦水。

「執著之人」和「了悟之人」最大的差別，在於心理上是否依賴別人。「了悟之人」對別人不會過度依賴，也會專注於活在當下。他們的內心有一份自信的篤定：「我總會有辦法的！我一定會找到自己的真命天子（天女）！」

換句話說，擁有「讓自己幸福」的本事而獨立自主的人，也會是個好伴侶。

一個人愈是不依賴，
就能靠自己得到幸福。

Q4 「相愛和離開」都需要勇氣

我男友個性十分細心體貼，卻因為過度酗酒而兩度住院。出院後，仍背著我偷喝酒。周圍的人都勸我趕緊離開他，但是我無論如何就是不肯死心。我想要照顧他，陪伴他戒除酒癮，重新站起來。我該怎麼辦才好？

人們都說愛情是盲目的，掉入愛河後就看不清現實，為愛死心塌地，管他明天會如何。

周圍的人都不看好你們，苦口婆心勸你快點和他分手，即便你也心裡有數，知道彼此根本不合適，然而一旦動了真情，想要狠心分手可就不是件容易的事。

明知道自己不該再喝了，但卻抗拒不了酒精的誘惑，總是不由自主地尋求酒精的慰藉。你無法割捨男友的心情，和男友無法戒酒的心情，處境還真是十分相似呢！

你不能改變別人，只能改變自己

男性與女性就像互相吸引的磁鐵，相似的人會彼此牢牢吸引。相反地，個性南轅北轍的兩人，也會萌生互補的能量，有如凹與凸的嵌合，想分也分不了。

「自己的內在」宛如雙面鏡相對照，層層投射對方的影像，這便是人際關係的基礎。另一方面，人際關係的鐵則是「你無法改變別人」。

伴侶因為酒癮把身體喝垮，任憑周圍的人如何努力勸說和陪伴，對方就是無法徹底把「我想戒酒，我一定要戒酒」的決心落實到行動上，那麼一切都不會有任何改變。然而在這種情況下，我們更該意識一件事，那就是「我能為自己改變些什麼？」。

也就是說，當我們提升自己的行動力和想法、調整生活態度、充實自身內涵，對方說不定會順應你的自我提升，自動做出改變。

倘若你一直在精進，但是男友卻仍舊繼續委靡擺爛，別灰心，說不定會有個能夠與不斷進步的你相匹配的新伴侶人選出現也不一定。

學會放手，才會得到更多

那麼，這位想要照顧男友、協助他重新站起來的格友，該怎麼做才好呢？建議你可以「在心中默默放開對方的手」。

「明知早該分手，但就是狠不下心」的時候，其實兩人正處在彼此緊握雙手、相互依賴的狀態。但是，如果不進一步採取任何行動，你便沒有展望光明的可能。所以，哪怕只是在心底默默想像都好，請把你緊握對方的手先放開。放開手的同時，想像「自己不依靠任何人，昂然獨立的姿態」。也就是說，想要改變現狀，你必須先製造正面信念。

首先在腦海中想像「我們放開彼此，各自獨立的狀態」。當你在心底悄悄放開對方的手，習慣了活在想像世界中「獨立的自己」，你的潛意識也會緩緩地自動改寫，讓你逐漸成為真正堅強、有主見的人。

最後，你可能會自然而然走到斬斷情緣這一步，也或許會讓對方見到你的改變，學會自己站起來。

人們都是走在「自己信以為真」的人生道路上。如果說，人生不過是「自以為是的集大成」，其實一點都不誇張。

認為自己被某個人喜愛，或是被某個人討厭，自認生性消極，或是自詡思想獨特等一切的一切，都是自己說了算。

人們按照自己的眼見為憑，建構自我的人生雛型，而潛意識就在其中不斷運作，隨時進行調整。

懂得巧妙利用自己的「信以為真」和「自我形成的運作原理」，我們就可以突破僵持的現狀。

善用自己「信以為真」的錯覺，
就能創造對自己有利的未來。

第 4 章

即使是親情，也需要設立界限

Q1 父母該拿不用功的孩子怎麼辦？

念高中的兒子不用功，抱著「有哪間大學願意收我就去讀」的頹廢心態，成天在家睡懶覺。大學生活是結識優秀同儕與師長，開闊視野的大好機會，但是兒子毫無理想抱負，只想混文憑，簡直是在浪費生命。難道我只能眼睜睜看著孩子虛度光陰嗎？

「不想要孩子將來吃苦受罪，所以希望他現在努力用功讀書，考上好學校。偏偏我家孩子完全不懂父母的苦心，根本不肯用功。我該怎麼辦？」

天下父母心，總是為孩子的將來擔憂，忍不住碎碎唸、乾著急，但我想要對這些憂心忡忡的父母說實話。孩子如果對讀書意興闌珊，你硬要他用功，也撐不了多久。但只要給孩子一個「值得用功」的說法，讓他們心服口服，孩子就會自動自發。

「喜歡」，就是種動力

沉迷線上遊戲的孩子，讀起遊戲攻略自然廢寢忘食；聽崇拜的西洋歌手唱歌，百聽不厭，歌詞自然也是背得滾瓜爛熟。因為喜歡，所以全神貫注，把遊戲攻略、英語歌詞全都烙印在腦袋裡。由此可知，孩子一旦對某事物產生興趣，自然就會「努力用功」。

當然，為了達成某個目標，多少需要付出忍耐與犧牲，短期來看，確實是「有效的用功形式」。

然而，伴隨這些忍耐與犧牲的用功，如果稍有差池，就可能淪為「燃燒殆盡症候群」（burned-out syndrome）。

我認為，孩子需要的用功，應該是——

「沒有任何人逼迫，但我就是忍不住要做。」

「因為太有趣了，所以欲罷不能。」

樂在其中的結果，就是自己又比以前進步了。我相信這才是「真正的用功」。

你是否發覺，「真正的用功」其實和談戀愛一樣。「因為對方長得高大挺拔」、「因為對方很體貼」之類的理由，十之八九都是事後穿鑿附會，「驀然回首，才發覺自己已經深陷在愛情的泥淖中無法自拔」，這才是戀愛嘛！

所以，真正的用功，就和戀愛一樣，「突然發覺自己已經陷入其中」，絕對不是出自誰的逼迫，或是基於不得不的壓力勉強為之。

愛閱讀的父母，才會培養出愛讀書的孩子

孩子是看著父母的背影（榜樣）長大的。大人自己得過且過，完全不進修也不學習，敏感的孩子把父母懶散安逸的態度全看在眼裡，他們會認為：「何必用功呢，不讀書不也過得很悠哉嘛！」

所以我想請問恨鐵不成鋼的父母：「你至今仍樂在學習，不偷懶怠惰嗎？」

父母想要孩子用功，自己得先展現「樂學」的態度。無論是學做菜、上健身房、研讀養生保健資訊，請讓自己每天都過著樂在學習的日子。

父母沒能讓孩子看到自己成為勤於學習的模範，還總是扮演得過且過的角色，這樣的父母督促孩子要用功，實在毫無說服力，孩子充耳不聞也不足為奇。

這好比愛吃甜食零嘴，吃成身材臃腫的大胖子，卻還勸告別人：「你要瘦一點才好看喔！」一樣。相信對方聽了他的勸告一定會感到不痛快，只差沒反唇相譏：「這句話你還是說給自己聽吧！」不是嗎？

想要孩子用功，大人得先讓孩子見到你「樂在學習的態度」。這是我給的第一個建議。

學生時代最應該培養專注力

第二個建議是：「讓孩子對於用功讀書的理由心服口服。」

你為何要孩子用功讀書呢？說了半天，如果答案只是「考上好學校，可以讓為人父母的我感到安心。」那麼你是說服不了孩子，讓他發自心底認同。

多數人認為「上學讀書＝在社會上占有一席之地。」

「考進好大學，是找到好工作的通行證。」

「找到好工作，就會有好收入。」

這些理由乍聽之下像是：「要你用功全都是為你好，所以你要認真點！」但卻隱約可以感受到父母想求得自己安心的心態，也就是說，這其實是出於父母的自我心理意識作祟。

「贏得社會一席之地的條件＝幸福」的等式，未必總是成立。

那麼，人究竟為什麼要讀書？

很多人出了社會以後才悔不當初，感嘆自己在學生時代為何不用功一點。

然而，當你懊悔早知道就多讀點書的時候，你是為了「當初真該學好更多數學公式」、「當初真該把歷史年號牢牢背起來」，後悔沒有學好課本內容嗎？恐怕絕大多數時候都不是這樣。不過臨時必須用英語對話的時候，後悔當初沒把英語學好，這種情況當然也是有的。

好啦，那大家究竟是為什麼後悔沒有多讀點書呢？答案揭曉，大家後悔的其實是沒有養成「專注的學習態度」！

讀書是為了養成「自律」和「自立」的能力

一個人如果從學生時代就養成專注的學習態度，他的自律能力會更優於同儕，日後長大成人，就容易達到自己期待的結果。

有自律能力的人，面對目標時，更能展現高度的專注力，不屈服於人類好逸惡勞的天性，勇於走出自己的路。

也就是說，當你問他「為何要讀書？」他可以篤定地告訴你說，他對自己的人生有想法，知道自己要做什麼，為了達成目標，所以必須做好一些的心理準備與充實內涵。

電影《男人真命苦》（男はつらいよ）當中，有一幕是男主角寅太郎的外甥滿男，詮釋「用功讀書的意義」。他說：「人生在世數十載，不免遭遇波折。當面臨難關的時候，我們這種沒讀多少書的人便六神無主，只會憑一時的衝動行事，就像擲骰子看點數碰運氣一樣，盲目亂闖。但讀書人就不一樣了。他們懂得用自己的腦袋思考，衡量利弊得失，理出頭緒。所以大家都想要上大學，不是這樣嗎？」

如果懂得自己思考該如何付諸行動，無論置身任何境地，都能夠用自己的雙手為人生掌舵。

想要「用雙腳走出自己的人生」，「自立」與「自律」兩大素質不可或缺，而讀書的目的，就是為了養成這兩大素質。讀書的意義如此重大，怎能不讓孩子們理解呢！

不但如此，讀書和學習還可以在日常生活中發揮極大的實用性，讓人「懂得如何享受自得其樂」、「把人生變好玩」。

比方說，出門旅遊，參觀歷史遺跡、寺廟佛剎、古城、藝術品時，雖然不懂得任何歷史淵源，也可以看得津津有味，可是你如果具備歷史背景知識，那看法和感受必然會更加深刻，也就多了幾倍、甚至幾十倍的樂趣。

孩子看到父母樂學的態度，也會深受啟發，感受到「原來只要獲得新知，就可以感受到純粹的求知之樂」，我認為這會給予孩子深遠的正面影響。

讀書＝「練習專注力」的自我鍛鍊運動。

Q 2

叛逆是孩子發出需要理解和幫助的信號

女兒最近的言行荒腔走板，嚴重失控，讓我很煩心。她動不動就會對同學脫口「你去死」，還會惡狠狠瞪同學。如果我糾正她，她就一臉厭惡。好意提醒她說：「同學如果這樣對妳，妳也會不開心吧！」她卻蠻不在乎反駁說「我無所謂」。我該如何讓她自我收斂呢？

我們會在什麼樣的心情和心理狀態下，對人惡言惡語呢？當我們開心快樂、滿懷喜悅的時候，是絕對不會對人展開毒舌攻擊的；多半是在憤怒、悲傷、害怕這類負面情緒湧現的時候，我們的言語才會變得偏激。此時，我們深埋在心底，沒能說出口的話，應該是「再多關心我一點！」「為什麼不能理解我的感受！」。

愛抱怨的人、喜歡對下屬大小聲的上司、老是斥責孩子的父母，心中最深切的期待是「希望有人可以理解我的感受」，可以說，他們是利用憤怒和不滿來表達自己的需求，只是結果常常適得其反。

請回想你對人大發雷霆、歇斯底里的背後，是否其實是在吶喊：「為何你都聽不懂我的話?!」正因為太渴求對方的理解，所以才情緒狂飆，憤怒失控。

無法將自己的感受傳達給對方，一再受到漠視，不被理解的怨懟則會油然而生，任誰都會在內心高高築起銅牆鐵壁，拒絕與外界溝通，也不願再受到任何傷害。

只是即便如此，我們的心底依然糾結，也不知該如何瓦解這道心牆，所以想要找人為自己打開僵局，於是用偏激的言行試圖引起他人注意，藉此向人求助。

傾聽孩子的吶喊與求救

「沒有人比我更痛苦了！」「我人生中沒有一件事順心如意！」「總是要我忍耐，我如今已經忍無可忍了……」那些認為自己受盡委屈，而變得充滿攻擊性的人，要瓦解他們的心牆唯有深入了解其需求，才能真正解決他們荒腔走板的行徑，而我從那些充滿攻擊言論的人口中聽到的是，他們在背後透露出「幫幫我」的迫切心聲。

我身為家中三個孩子的老么（上有兄姊），父母儘管不是存心故意，但仍會有意無意地拿我和兄姊比較，讓我在成長過程中飽嘗自己的理想遭到否定的沮喪難過，所以我很能夠同理那些利用粗暴言行「討拍」的孩子。

如今想來，父母並沒有學習如何當父母的使用說明書，他們為了稱職扮演自己的角色，也是拚了命的摸索、跌跌撞撞地走過來。可是孩子怎會懂得大人的軟弱無助，總以為父母就是不可挑戰且完美的存在。

孩子被父母忽視、否定的成長經驗，迫使他渴求大人關心、理解和注目的心理需求愈來愈強烈，最後甚至不惜用叛逆的言行舉止吸引父母關注。

讓孩子知道「我無條件愛你」

當孩子的言行失序，父母能做的就是真摯地面對孩子。比方說，肯定孩子、理解孩子、信任孩子、擁抱孩子，先讓孩子知道你愛他，然後再來糾正他的言行也不遲。耐著性子聽孩子與你分享今天發生的事、開心的事、討厭的事、和同學相處的事、有興趣的事。總之，對於只懂得用粗聲粗氣討人關愛的女兒，你要用心去理解她。

孩子都會本能地想要討父母誇讚，希望得到肯定和理解。父母若願意理解孩子這樣的心情，他們的心牆也會逐漸鬆動。

對孩子說好話，化解怒氣和對立

為了改變孩子的言語和態度，父母平時說話就該講究自己的遣詞用字，盡量「口出蓮花」。什麼是「口出蓮花」呢？就是開口說「能引發共鳴、餘韻不絕」的好話。

「你的努力爸媽都知道」、「爸媽好喜歡你」、「你真是爸媽的心肝寶貝」等這些話聽在耳裡，暖在心底。用美麗的話語灌溉孩子，父母的愛也會日漸暖進孩子的心底。這樣做，無論大人小孩都會願意用更坦誠的態度，互相表露自己的真感情。

此外，父母的潛意識會透過態度、神情、行為等，向孩子發送訊息。就以開關門來說好了，習慣粗暴甩門的父母，是在潛意識中對孩子傳達「任意粗暴對待人、物和自己都無所謂」的訊息。

身為父母的人，如果抱持著「父母應該和孩子一同學習成長」的認知，就會懂得不時反躬自省，而這也是孩子的道德教育起點。

總之，想要陶冶孩子的心性，得從父母的自覺做起。

無條件的關愛，能拉近件行漸遠的親子關係。

Q3

忙碌的父母，也能成為好爸媽

孩子吵著要跟父母一起玩、要人陪，可是父母也有要事離不開身或是不想玩的時候。遇到這種情況，我該如何對孩子解釋，同時也讓自己不因缺席而感到愧疚呢？

小孩的工作就是玩樂，所以不管父母忙得多麼不可開交，他們只顧吵著要玩、要陪伴。孩子蠻纏大人是不看時機的，偏偏經常吵的不是時候，為家務煩心的父母該如何兩全其美，做出對孩子和自己都說得過去的方法呢？我認為，解決這個問題的重點不僅是針對孩子，大人自己不也會有「想要別人為我做些什麼」的時候嗎？

如果事情能夠自己解決，孩子就沒必要賴著大人，所以問題的癥結在於：孩子有訊息想傳達給父母，就會用「吵著一起玩」、「要人陪的方式來表現」。

如果說小孩的工作就是玩樂，那麼，身為大人的我們在職場上最重要的工作又是什麼呢？沒錯，就是「報連相」（「報告、聯絡、商討」的簡稱，是日本職場上處理事務的基本流程）。無論對上司、同事、職場前輩，還是顧客、業務往來的協力廠商，這些都是絕對不可少的互動。

事實上，「報連相」正是所有溝通的基本功。對自己心中掛念的人，我們總想知道對方今天做些什麼、心情如何、是不是有煩惱，所以想要溝通和分享。

孩子何嘗不是如此。今天有哪些好事，或是發生哪些不愉快，和誰家的孩子一起玩、心情如何，孩子都想要逐一和父母分享：「你知道嗎？我今天遇到這些事呢！」所以，當孩子蹭到父母身邊，想要大人陪的時候，心底必定是抱著想要「報連相」的期待。

因為忙碌，所以更需要有品質的陪伴

有時，大人儘管很想要陪伴孩子，但是自己忙不過來，體力和精力都不堪負荷；想要顧全自己的時間和心力，把孩子打發掉，又不忍辜負孩子的殷般期待，而心生罪惡感，自己就在兩難之間拉扯。

無論如何，大人首先要理解孩子「報連相」的心情，然後和顏悅色地對孩子解釋：「爸爸（媽媽）正在忙，你等我半小時，讓我把工作告一段落，我們再來好好玩。」

等你把時間空下來，可以全心陪伴孩子，孩子必能感受到父母很重視、很在乎自己。最要不得的，莫過於完全沒有眼神接觸，看也不看孩子一眼，只是隨口應付；或是看似陪在孩子身邊，卻滿腦子惦記著想做的事，心不在焉地敷衍孩子，甚至直接拒絕孩子說：「我正在忙，不能陪你。」

父母沒說出口的心情，孩子都能敏感察覺。根據美國華盛頓州立大學的研究，當父母掩飾自己的負面情緒來陪伴孩子，孩子仍會受到負面情緒的感染，下意識地讓自己對父母話語的感受變得遲鈍。

向孩子坦承表達感受，他們真的會懂

親子之間的情緒連結，遠比我們所想像要深刻得多，正因為如此，大人有必要將自己的感受，坦誠地向孩子表達清楚。這麼要求一點都不過分，因為你自己也是教育孩子「說實話」、「做人要坦誠」，當然父母也必須做好榜樣。

「媽媽現在好累，無法陪你玩，你等一下再慢慢講給媽媽聽。」像這樣坦誠訴說自己的感受，慎重地與孩子做約定，並且嚴格遵守約定。

父母如果平日用心傾聽孩子的「報連相」，孩子也會理解大人的不得已，願意耐心等候。無論是親子關係也好，夫妻關係也好，社會的人際關係也一樣，關係都是付出時間扎扎實實「建構」起來的。

而「建構關係」，說穿了就是「覺察對方的心情」，包括覺察對方的情緒、理解程度，種種覺察經過日積月累，而逐漸建立起信賴關係。

不要以為「孩子哪裡會懂」，父母要信任孩子的能力，相信孩子也都能夠體會得到。請珍惜親子時光，把自己的真正心意如實地傳達給孩子。

坦誠向孩子表達自己的真實感受，就是建立良好親子關係的祕訣。

Q 4

如果父母老後難相處

我和高齡的父親同住，他開口閉口都是些難聽的話，言論偏激、批判惡毒，對過去永遠抱怨不休。過著隱居生活的父親只有我這個說話對象，一直以來我都耐著性子聽他發牢騷，但感覺自己已經快撐不住了。我該如何克服父親帶給我的壞情緒呢？

家人之間的問題與煩惱，很難用「講道理」來解決。看書找答案，或者請教高人商量對策，自以為道理都懂了，可是回到現實生活，面對難纏的家人，用心鑽研的功力霎時歸零。

儘管如此，我仍然要奉勸為家庭關係煩心的人，必須理解兩大事實：「你絕對改變不了別人」、「你唯一能控制的，只有自己的心」，而這兩大事實，正是打破僵局的出口。

當父母變成火爆老人，其實是內心發出SOS訊號

隨著年紀愈來愈大，人們的個性和思考也會變得僵固難以改變。不但如此，老人家退休遠離職場後，與外界互動機會變少，大半時間都只能與家人大眼瞪小眼，內心自然會變得更加封閉。

「那傢伙就是個蠢貨」、「無恥下流，成何體統！」這些用字怎麼聽都覺

得刺耳，難怪家人會受不了他們的粗鄙謾罵，避之唯恐不及。但是，說話的人可一點都不覺得自己說錯話，相反地，他們或許還自認為是敲響警鐘的「正義之鳴」，要是情況演變成這樣就麻煩大了！

老人家總淨說些叫人聽了就有氣的惡言惡語，是因為這正是他們從心底發出的ＳＯＳ訊號。

老人和幼兒或心智尚未成熟的孩子一樣，因為自己的情緒沒有出口，所以感到孤單寂寞。如果他們還有工作，或是保有一兩樣興趣嗜好可以寄託，又或者能透過與人交流互動提升思考境界，多少還可以紓解壓力。但是，當他們只剩下家人可以發洩情緒時，因為和至親之人少了顧忌，所以說話更加口無遮攔，日漸失去分寸。

人是「抗拒改變」的動物

人會改變，往往是迫於兩種情況：環境發生變化、以及發生重大事件的時候。

例如入學或就職這類周遭環境起變化，是必然發生的結果，自己無法改變；搬家或是進入新的團體，也必須得重新適應。這時，人們在配合新環境的過程中，心境會逐漸產生變化。

至於發生重大事件，就像是老菸槍被醫生告知罹患癌症，痛下決心要戒菸；或是在失去摯愛以後，讓人生有很大的轉變；和另一半生離死別，被迫成為單親，必須一人扛起兩人的角色，內心也會自然發生變化。

因此如果不是外在環境變動，人是很難主動做出任何改變的，因為潛意識就喜歡「維持現狀」。

老是讓你一肚子氣的人，就離他遠一點！

那麼，面對擾亂我們心靈平靜的家人，重要的不是尋求「如何讓對方做出改變」的方法，而是「我為什麼想要對方做出改變」的用意。

你是否想過，對於那些喜歡說長道短、埋怨過去的人，你為什麼希望他們收斂呢？要他們「口下留德」的用意是什麼？這才是問題的重點。

你一定會說，「做人嘛，本來就該留口德，這是基本道理」；然而，我認為你真正的心裡話應該是：「你破壞我的心情，讓我很煩躁不安，拜託閉上你的嘴！」

說話肆無忌憚的對方又是怎麼想的呢？他八成認為：「我說話礙著誰了？我心裡怎麼想就怎麼講，有給誰添麻煩了嗎？」

講話與聽話的人之間，看法相差十萬八千里，難怪無論你如何糾正對方「說話要留口德」，雙方的認知還是處在兩條平行線上。

喜歡講難聽話的人，一言以蔽之，就是內心孤單寂寞。他們渴望別人肯定自己存在的意義，期盼有人對他們說：「我懂你的感受。」問題是，他們不知該如何適當表達自己想要對方關心的需求，為了討拍討愛，於是用說壞話、謾罵、抱怨來搏取大家注意。

身為他們的晚輩，聽多了父母刺耳的難聽話，儘管苦不堪言，可是一想到他們的養育之恩，又不得不忍耐，可說是備感煎熬。

長輩晦氣的喋喋不休，讓你心情惡劣，幾近崩潰，這其實是潛意識對你發出「不能再繼續這樣下去」的警告。

你如果狠下心，做到斷然切割，或許就可以躲過至親的疲勞轟炸。再不然，抱定覺悟，願意把聽老人家抱怨，當做自己的修行，說不定能夠揮別壞情緒。每天聽抱怨而感到身心俱疲的你，不妨和對方保持適度的距離。假設同桌吃飯讓你食不下嚥，那就各自分桌用餐。

容我老調重彈，對方要怎麼想、怎麼做，完全不是你可以控制。你唯一可以控制的，只有自己的心情、想法和行為。

把話說到長輩心坎裡的聊天法

喜歡說壞話、謾罵、抱怨的人，其實是內在需求沒有得到滿足。幸福洋溢的人，或是一心一意專注在自己興趣的人，哪有時間終日喋喋不休呢？

如果說這位心力交瘁的孝順晚輩，可以立即做出什麼積極的改變，我的建議是，不妨找機會讚美長輩的行為。不管是長輩照顧花草也好，上街買東西也好，幫忙做一點家事也好，只要一有機會就稱讚他。

此外，也要適時關懷對方，不要只顧著糾正對方的惡言惡語，也要誘導他往好的方面想：「不也有好事發生嗎？」

對方可能會反駁說，「我哪來的好事？」這時你就可以順勢幽默地搭話：「你有我這個孝順兒子（女兒），難道不算好事嗎？你這樣說真是太傷我的心了。」

我和自己的父母也是這樣說話，結果不可思議的事情發生了！父母的心情開始變得輕鬆，興致高昂地話起當年的工作和養兒育女的點點滴滴。

想要引導對方往好的方向發展，必須先提升自己的能量層級，營造溫馨的環境氛圍。這些事全都在自己可控制的範圍內，你一定都做得到的。

至少，不要隨著對方起舞，被他的負面情緒干擾，否則只會累死自己。

主動營造溫馨的環境氛圍，就不會被負能量拉著走。

Q5 小心「能量吸血鬼」就在你身邊！

家母今年六十三歲，父親過世後，過著寡居的孤獨生活，每天都會打電話或傳訊息說自己好寂寞。我則是為了帶孩子，天天忙得暈頭轉向。娘家距離我家不過二、三十分鐘車程，但是母親說她太孤單，老了以後怕一個人住，一再催促我搬到娘家隔壁和她作伴。她老愛說喪氣話，害我也開始感到焦慮不安。我該怎麼辦才好？

人一旦失去生存的意義與希望，就會在一夕間老去。

家庭主婦守著家庭堡壘，為照顧家人鞠躬盡瘁，有朝一日面對先生告別人世、孩子長大離巢，不少人會突然開始懷疑自己的人生，不知道自己今後要為何而活？

說「母愛」，太沉重

那些全心養兒育女、辛勞操持所有家務的全職媽媽，經常有著「奉獻」的使命感。為先生小孩而活、為家庭任勞任怨絕對不是錯事，就怕當她全心全意付出的對象有一天搬出去獨立，或是與她生離死別，為家奉獻大半輩子的人妻、人母會失去自己存在的意義，陷入無邊無際的空虛寂寞。

如果有興趣嗜好可以寄情，或是有工作能夠專注，甚至是幫忙帶孫子，讓她不再感到無所事事，甚或沉浸在悲傷孤獨的情緒中，認為自己仍存在生存的意義，或許都有助於鼓舞她繼續邁步向前。

然而，「父母有父母的人生，孩子有孩子的人生」，父母親再寂寞，子女都必須慎重考慮該有的分際，該割捨時還是得劃清界線。父母的養育之恩無庸置疑，子女如果放手不顧，必定會萌生罪惡感。只是，母親的聯絡如果已經開始讓你感到焦慮煩躁，就說明你們目前的親子互動關係正在剝奪你的能量。這樣的對象對你而言，已經算是十足的「能量吸血鬼」（Energy Vampire）了。

用想像力堅強守護自己的能量

「能量吸血鬼」透過令對方疲憊、煩躁，或是為他操心的行為，剝奪別人的能量來壯大自己。如果他剝奪能量的對象是自己孩子，那就更加方便了，連最起碼的顧慮和客氣都免，因為自己的孩子可順理成章輕易地呼之即來，他也會乖乖聽話。

個性體貼善良、把別人的話都當真，或是習慣逆來順受的人，容易受這種能量吸血鬼的操控，一步步成為他們依附的宿主。然而我要強調，「每個人都有屬於自己的人生」，即便是至親，也要有這樣的基本認知。

因此，對方如果又開始對你釋放他的負面情緒，讓你感覺負擔沉重時，請趕緊在內心默默想像，拔掉對方插進你心口的插頭，反向插回他自己的胸口。用這招想像訓練守護自身能量，相當有效。

喚起對方「被需要」的感覺

對於天性充滿奉獻精神的人，你勸他「找個有興趣的事來做」，效果通常不好。尤其是人在上了年紀以後，不願嘗試學習新事物，如果不是自己滿懷熱忱、主動想去做的事，他們對於新挑戰多半意興闌珊。與其如此，還不如引導他們往「對別人有用」的方向去努力，這會喚起他們內心的奉獻熱情。

這樣說或許容易為人詬病，不過巧妙地變通讓對方願意幫你帶孩子、幫忙做家事，仍不失為好方法。這樣可以讓對方覺得自己有貢獻、有價值，所以請你儘管開口要對方幫忙、賴著對方。

當一個人感到自己正在做有意義的事，體會自己的存在意義和重要性時，自然會變得積極向前！

別讓自己老後，成為當初討厭的那種父母

有件事必須提醒這位現正忙於帶小孩的年輕媽媽，那就是現在也要好好思考，孩子長大離家後，妳要如何享受自己的人生。希望妳現在就開始認真思考這個問題。

「我忙得暈頭轉向，哪有閒工夫想十幾二十年後的事！」即便忙成這樣，只要有一點喘息的空檔，多少為自己打算一下。因為當妳卸下「身為父

母」的重擔，「自己的人生」又會再度啟動。

為了不在重回自己人生時，失去熱情和生存意義，現在就該為自己想好如何享受後半輩子的人生。

提前為身心做好準備，將來就不會因為無法自處，成為只會抱怨、增添兒孫和周遭負擔的孤單老人。也不知是否是老天捉弄，親子的命運總上演著難以解釋的輪迴巧合，現在因為厭世長輩的喪氣話而吃不消的人，也要提防自己老後，會變得和父母一樣悲觀消極而惹人嫌。

別人的煩惱，之後可能同樣會成為自己的問題。當看到別人苦惱不已時，別以為事不關己，我們要感謝別人給了自己「提前思考」的機會，將它視為給自己的提醒。

巧妙地讓父母分擔家務，
不但能排解他們的寂寞，你也能變得輕鬆。

第5章

讓潛意識成為你的得力夥伴

Q 1

別忽視潛意識捎來的訊息

有時候潛意識與顯意識會意見不合，僵持不下就會令人受苦。當兩種意識在腦子裡打架，會發生什麼事？該如何將兩種意識整合起來，讓自己過得更開心呢？

顯意識是「能夠自覺到自己此刻正在做什麼、想做什麼的意識」。對於自己的事、別人的事、過去和未來的事，做出種種思考，就是顯意識的作用。潛意識又叫做「無意識」，是「隱藏而無法自覺，但確實存在的意識」。當這兩種意識互相打架的時候，大腦會起糾葛。比方說，當「顯意識」要往右，「潛意識」要往左，我們便覺得往右會有些不對勁。

靈光乍現時，就要即刻付諸行動

大腦產生糾葛，基本上是因為我們無視於潛意識發出的訊息。忽視突然閃現的靈光、忽略天外飛來的念頭，堅持貫徹自己的想法，到頭來落得一事無成或被迫延遲；又比方說堅持不眠不休達成自己的目標，全然不理會已經筋疲力竭，這些都是漠視潛意識捎來的訊息，結果得不償失。

如果我們總是習慣性忽略潛意識捎來的訊息，總有一天會身心失調、病痛纏身，諸事不順、煩惱不斷。

要統合兩種意識，其實很簡單，那就是慎重看待「天外飛來的念頭」。然後付諸行動。

「該洗衣服了」，念頭一起，請立刻去洗衣服，不要因為電視連續劇演得正精彩，就把想做的事往後耽擱。「我來聯絡一下那個人看看」，念頭一起，請立刻去連絡那個你忽然想起的人，不要有絲毫躊躇，為自己找種種藉口，像是擔心打擾到對方等，因而把行動擱置下來。

當然，也不是每次一有想法都可以立即付諸行動。像是「好想去夏威夷」，可是得先湊齊旅費，也必須挪出休假日，不是立刻說走就走得了。這種時候，請用顯意識做出選擇和決斷，告訴自己：「現在暫時先不去。」請注意，不是「去不了」，而是你在仔細思考後，告訴自己的潛意識說「現在暫時先不去」。

讓潛意識成為心想事成的能力

養成重視每個驀然浮現的念頭，並且立刻付諸行動的習慣，做個即斷、即決、即行的實踐者。

這麼一來，計較利害得失、充滿算計的「自我」就少了發揮的餘地，來自潛意識的靈光、妙點子就會紛紛浮現，提示你真正該做的事。很快地，對你有利的好事、必要的情報和善因善緣都會不請自來。以我自己為例，我只是持續這麼做，就圓了自己的作家夢（願望），以寫作為業。

如果想把日子過得開心，這麼做就對了。人生之所以走得艱辛痛苦，是因為「腦內起糾葛」，所以「潛意識的聲音」不能不聽。這便是顯意識與潛意識兩相和合，讓日子過得舒心快意的竅門。

聽從「天外飛來的念頭」馬上行動，好事和善緣都會不請自來。

Q 2 你的低自尊，無法贏得精彩的人生

我雖然想痛下決心做自己，但是卻一再被過去的種種所羈絆，偏離目標，為此感到好氣餒。我該怎麼辦才好？

「虧我還信誓旦旦發下宏願，卻三兩下就打退堂鼓，真沒想到自己竟是如此意志薄弱，我還有救嗎？」

減肥也好，上健身房也好，跨足新領域也罷，我們在心目中描繪理想的

自我形象，決心要許自己一個美好的未來，誰知道出師不利，一開始付諸行動就處處碰壁。我也是過來人，對這種身不由己的氣餒與無奈深有同感。

不過，始終無法自我改變的人，說穿了並非真的「改變不了」，十之八九是「不想改變」。

雖然理智上很清楚知道，自己只要貫徹意志、埋頭努力，就可以自我改造成想要的樣子，然而潛意識卻另有盤算：「我可不想面對改變不了的失敗結果，也不想要因為改變不了的殘酷事實而受傷害，不如就別白費力氣折騰了。」其實這就是不想改變的藉口。

真正的失敗，是因為害怕失敗而不敢嘗試

潛意識的力量之強大，支配了我們九成的思考與行動。因此，單憑「意志的力量」根本不足以抗拒潛意識從中作梗。不但如此，意志對戰潛意識，還可能遭遇強烈反彈，把人打落失望的深淵。那麼，自我（潛意識）是如何說服我們放棄自我改變的呢？

潛意識總是會誘導我們去看清楚，想自我改變這件事是很愚蠢，而且它的說服技巧十分高明。

「我哪來這麼多美國時間？」、「難道工作還不夠忙嗎？」、「沒錢萬萬不能呀！」、「環境條件根本不允許！」等這些理由接連浮現腦海，全都說得理直氣壯，證明不改變才是正確的。

「現在辦不到」就是糖衣毒藥，讓你相信「反正我現在就是沒辦法」，徒然抱著「但是我哪天就會變得不一樣」的錯誤期待，免於罪惡感的折磨，這便是潛意識的奸巧之處。

發誓說要「洗心革面」，但是進一步又退兩步，反覆受到前進又後退的挫折，這些失敗經驗會逐漸累積成為過去的負面記錄，打擊一個人的自信心，相信自己反正就是改變不了。

然而，我必須告訴你，無論是「我哪天就會不一樣」的不切實際期待，或是「失敗了很丟臉」這類無聊的自尊心，你都要把它們全部丟棄。

自尊心其實就是個多餘的東西，和「做自己」的終極目標相比，任何事都變得無足輕重。再說吧，行動可能會導致失敗本來就是理所當然，一開始就應該做好可能會失敗的心理準備。偏偏你習慣了一發即中的獵人思維，才會因為沒能百發百中而痛苦。

無論是騎腳踏車，還是玩單槓的引體向上，學會之前不知要摔翻多少次；學做菜和熟稔新工作也是一樣，都必須在錯誤中不斷摸索，最後才能終於上手。

擁抱不完美的自己

說實話，你並非真的「害怕失敗」，而是「無法忍受自己丟臉」。你討厭失敗後失落萎靡的自己，因為這種窩囊的感覺太糟糕，但是你又不願承認，只好一直為自己找不想改變的理由，比方說時間、財力、環境不允許之類，說服自己現在不改變才是對的。

我藺居在家的那段黑暗日子就是這樣。一旦自我封閉久了，連出門都變得舉步維艱，更遑論出去外面工作，光想像都有如無間地獄。

只要是正常的人，都知道自己不去工作不行，內心想要改變，然而身體就是不聽使喚。你的大腦會告訴自己，「這家公司錢少、事多、離家遠……」，不去工作的理由要多少有多少。而且你完全沒有任何行動，只有腦子很忙，重複著各種模擬想像和自我否定，時間在空轉當中蹉跎，徒然耗損精力。之後，你會愈來愈害怕出門。

如今回想起來，與其說我當時害怕的是面試失敗，倒不如說怕的是承受不住遭人否定的難堪。何況，失業已經夠悲慘，加上朋友同學都已成家立業，自己卻一事無成，這種不如人的感覺讓我深感自卑，彷彿成為別人的笑柄，好在現在的我總算看清自己當時的真實心態。

當你害怕失敗，遲遲走不出去時，首先必須從正視自己內心深處的陰暗面做起。這種覺得「我很羞恥」、「我會被人看笑話」的感受，究竟從何而來的呢？其實就是完美主義作祟，受制於周遭的眼光與環境影響，讓我們認為「自己非得這樣那樣才厲害」。

承認自己的不完美，多少令人難堪，但是難堪又如何？你不覺得這麼做反而樂得輕鬆嗎？

相信你很快會發現，原來自己一直都過得太ㄍㄧㄥ了，真的是死要面子活受罪。

就算失敗很丟臉，遭受挫折會讓面子掛不住，但還是要快點把這些無聊的自尊心一一丟進垃圾桶。

等你丟掉多餘的自尊心包袱後，再繼續前進吧！

承認自己的不完美，便會發現過去的自己是死要面子活受罪！

Q3 平常心，是應付逆境最好的方法

我想挑戰未知的新領域，但是覺得非常恐懼不安，完全不敢跨出半步。對於永遠只會唱衰、往壞處想的自己，實在很無力。我該怎麼辦才好？

自然界總是運行不止，永遠變化不休。世間不存在無波無浪的大海，也不存在沒有潮汐的汪洋，更不存在不起風的江河川流。因為有波浪，有潮汐，有風起，船隻才有借力前進的機會。正如同成語說「一帆風順」，借風勢破浪前進，自然輕省便捷、事半功倍。

然而，有順風就有逆風，有推浪前進的海潮，就會有阻礙前行的逆流。同樣地，人不可能一直處在大踩油門的狀態，精力充沛地往前衝刺，自然也會有退縮不前、陷入自我懷疑的低潮期。

人生時而順風，時而逆風，本來就應該平常心看待。不必要畏懼低潮，也不必因為退縮而自責，只要當成現在是逆風時節就好。

當你付諸行動，一切就會有所改變

「改變是成長的開始」，不嘗試任何挑戰，就不會有失敗，當然也談不上成功。想要改變唯有行動，才會有隨之而來的成功和成長，而失落沮喪也是改變之一。

為了成長，我們必須做出嘗試。然後，抓緊順風吹起的時機，勇往直前。

「感覺沒幹勁，似乎看不到希望」，如果將這樣的情緒視為一種暗示，是前方即將有所改變的徵兆，那你就會感覺輕鬆坦然多了。而為了成功認知落入低潮就是成長的徵兆這件事，我們必須有意識地一再反覆提醒自己，直到這一認知牢牢定著在潛意識裡。

然後，當你腦海中倏忽浮現「我想要做這個」、「我想要試試那個」，別遲疑，立刻採取行動。

而且，別計較成敗得失。倘若你成為結果至上主義者，就會開始計較：

「做不出結果豈不是就沒意義。」然後給自己找理由，說服自己不做任何改變。

老是抱怨「很想改變卻改變不了」的人，無論如何先要採取行動。養成立即行動的習慣就對了。連半步都跨不出去的人，就是想太多，總要等到想好了才行動。這麼一來，絕對會被「過去的經驗」，也就是反正無論我做什麼，終歸都會失敗的想法絆住。

「我是不是該去那家店看看這季進了哪些新衣服？」只要念頭一起，就趕緊走一趟。「真想去咖啡店讀一本喜歡的書。」念頭一起，立刻放下手邊的事，趕緊出門。當然如果正在上班，那暫且先別輕舉妄動。

反正不要猶豫，立刻動起來就對了，要在潛意識中讓身體習慣動起來的感覺。別讓自己有停下來胡思亂想的時間，念頭一起立刻付諸行動，而且不要對結果抱有任何期待。然後，不可思議的事情便會發生，你會驚喜發現，自己雖然不抱期待，但是好事卻紛紛降臨在自己身上！

因此，趕緊把多餘的執著、不必要的思考丟進垃圾桶，讓頭腦、心靈都清明暢快。這麼一來，神情自然煥發光彩，言語變得活潑風趣，行動也輕盈俐落，渾身開始散發令人難以抗拒的魅力。

這種自帶光芒的人，誰都會想要為你加油、拉你一把；當你左右逢源、貴人不斷，美夢成真也就指日可待。

丟掉不必要的想法，便能勇於行動，對未來不再擔憂不安。

Q 4

別耽溺於「悲劇主角症候群」

我總是相信自己是個「不被愛」、「沒價值」的人，下意識地拒絕相信別人的讚美和肯定，並且否認自己是值得被珍惜、獨一無二的人。我該怎麼辦才好？

「我完全不值得被愛！」「反正我就是一無是處，做任何事注定不會有好結果！」這種自貶身價、自認活得很慘的人還真不少。

但是你可曾想過，沒有人是天生的失敗主義者，打從娘胎出來就老是鑽牛角尖。會變得這麼消極負面，全都是在成長過程中，被周圍的人灌輸了扭曲的思想。

即便你內心明白這是不正常的，如此看低自己一點好處也沒有，但是單憑一己之力實在很難抹去這樣的思想烙印。

這是因為你覺得活在自我作賤的負面思考中，反而心情很好；認為自己不值得被愛，你會心安理得；相信自己終究一事無成，讓你樂得輕鬆。

相反地，知道自己有人愛，會讓你方寸大亂；得知自己對某人來說是無可替代的重要存在，會讓你不知該如何是好。

不自覺扮演「可憐人」的人，是在渴求對方的關愛

為什麼自我否定的負面話語反倒令你心安理得、樂得輕鬆呢？因為你心底知道扮演「小可憐」，周圍的人就不會責怪你，甚至會對你寄予同情和關愛。這就是「悲劇主角症候群」。

舉例來說，從小生活在雙薪家庭的鑰匙兒童，平日總是缺乏父母的關愛和陪伴。但是當他感冒生病，無法上學，父母會請假在家陪伴他，殷勤照顧他，和他講很多話。幾次以後，孩子便食髓知味。他發現平日沒人關心、不被需要的自己，一旦病體虛弱，就會博得關愛。而這樣的行為模式會讓孩子上癮，最後會故意置自己於柔弱無助、可憐兮兮的狀態下，好搏取別人疼惜關心。

從小經常被拿來和兄弟姊妹或是同學朋友比較的人，又或是缺乏被稱讚、肯定的人，總會下意識地尋求可以保護自己不受傷害的方法。為了不要遭到欺凌、被人當箭靶，他們會刻意低調，妄信貶損自己的壞話，藉以自我保護，因為他們不想再受到不必要的傷害。

潛意識總是往迴避危險、痛苦的方向運作。為了維護生命安穩地活下去，它會毫不猶豫地帶領我們盡可能避開風險，不去接受新挑戰和未知的結果。

欣然接受惡意貶損，卻拒絕接受正面肯定，這是潛意識在暗中搞鬼：「如果我聽信了好話結果被騙，那該怎麼辦？受人背叛豈不是太痛苦了？我不要受傷害，我害怕孤獨寂寞的感覺。」所以他會直接了當地拒絕相信那些肯定自己的正面信息。

用力點頭、積極回應，就會給人好印象

拒絕相信別人的讚賞，面對別人的肯定手足無措的人，通常也不懂得如何給予和付出。因為他們實在太小心翼翼，總是在察言觀色、衡量揣度。

當他們受到肯定和讚美時，忍不住懷疑：「他是說真的嗎？該不會是客套話吧？讓人家這樣費心關照我，怎麼說得過去！」這樣的人想要稱讚對方時，也會多所顧慮：「我這樣稱讚他，他會高興嗎？該不會認為我太虛情假意，或是懷疑我別有用心？我這樣說出口是否太唐突，反而讓人家不知所措？或者，我還是不要多說話，免得大家都尷尬？」總之，他們會反覆推敲，幾近神經質的地步。

對於如此小心翼翼的人，我的建議是，不必越級挑戰自己不擅長的事，

讚賞、表揚、肯定別人都需要一點技巧，以後再慢慢摸索也不遲。你原本是一片誠意，但如果在遣詞用字上沒有拿捏好，可能弄巧成拙，惹得對方不高興。

雖然現階段暫時不能開口讚揚，但可以從更簡單的事情入門，那就是：

「先從熱情回應開始！」

當我在講台上口沫橫飛、賣力表演時，台下偶爾會有完全不笑、不點頭、不反應的聽眾。雖然是極少數，但只要有這樣的聽眾在場，我就會開始感到不安：「他有在聽我講話嗎？」他們或許只是精神太緊繃，或是無法放開來大笑，也或許是認為跟著大家一起做反應很丟臉。

無論如何，他們沉滯的氣息和陰鬱的情緒，可以影響到台上的我。才一開講，就接收到如此冷淡回應，連我都不由得緊張，無法暢所欲言，只能草草草結束。

相反地，台下如果反應熱烈，觀眾表現出點頭、微笑、提問、鼓掌等，不僅讓我大受鼓舞，周圍聽眾的情緒也會被帶動，全場氣氛就會變得熱絡。

身為講者的我，便會把原本沒打算披露的壓箱寶也加碼奉送。所以，只是把反應做大一點，就能夠讓對方開心，卸下防備，甚至可以營造彼此之間的好氣氛。

如果你生性害羞，要你把反應做大有困難，那麼至少在傾聽對方的時候使勁點頭，再加上一點鸚鵡學舌的回應。

例如，對方抱怨「這工作快把我給累死了」，你只需要順著他的話說：「這工作讓你這麼累呀？」

看到有人在乎自己、對自己感到關心好奇，人們都會忍不住多說一些，所以就算你不知該如何起話頭，對話也能夠自然往下走。不過，如果你知道對方向來愛抱怨，喜歡喋喋不休，就別做出任何可能鼓舞他說下去的暗示，否則只是讓他剝奪你的能量。

實行「使勁點頭，鸚鵡學舌」的對話技巧，對方會對你留下「這個人感覺不錯，和他說話真愉快」的好印象。你不必努力找話說，一樣能夠為自己爭取好印象。

不過，「鸚鵡學舌」也不是輕易上手的技巧，必須先在家對著電視、廣播、網路影片等，進行模擬演練。實不相瞞，我以前藺居在家時，這也是自我訓練的項目之一。

我曾被人批評：「說話表情僵硬，睜著一雙死魚眼。」為了洗雪前恥，我一個人的時候，經常對著電視或廣播裡的假想對象使勁點頭，即便場面乏味，也要求自己面露自然微笑，看似自言自語地做反應。

不願接受別人的稱讚和肯定，是因為封閉了自己的心扉。打開心扉的鑰匙，就是把反應做得比過去還要大。

無論是看戲劇表演、聽音樂會，或者與人對話時，提醒自己要把反應做大，也就是運用點頭、微笑、提問、請益等的技巧。當我們打開心扉，自然而然就能接受別人肯定，而不會感到不好意思。

只是把反應做大，自己和對方都會有好心情。

Q5 足不出戶的繭居族如何切斷負面連鎖效應？

我長時間繭居，走不出家門；努力減肥卻又一再復胖，落得愈減愈肥的下場。我對自己感到厭惡至極。年過五十歲面臨失業，沒有了打拚的動力，現在的我完全無法從負面連鎖效應中脫身。我該怎麼辦才好？

讀者當中，或許就有自囚於家中的繭居族，又或是有這樣的家人。我本身是繭居的過來人，也接受過許多憂心忡忡的父母諮詢，他們都為了自囚在家的孩子擔心不已。所以我對於繭居族和繭居族家人的心情有切身體會。

我的直言或許聽起來刺耳，不過對於長期閉門不出的繭居族來說，任何應急式的建議或手段都無法打破自我封閉的現狀，甚至還可能招致更強烈的反彈效應。

遭遇人生重大瓶頸，因而退縮自囚，其實繭居族本人也不願意走到這步田地，甚至很討厭自己這樣做，但是讓自己與世隔絕，至少可以找到「內在某個安於現狀的自己」。

當人走出家門到外面打拚，在職場上得處處察言觀色，百般不願也必須勉強建立人際關係，過程中多少得面對受傷害、被否定的恐懼和風險。

繭居族為了迴避這些恐懼和風險，下意識地營造出現在的繭居狀態。他們的潛意識也很拚命，因為想要迴避受傷的可能，假藉「尋求安心感」之名自我保護，死命抓著安心感不願放手。

人在跌落到谷底最深處時，終究會有「萬萬不可再這樣下去」的覺悟，開始積極尋求改變，也就是「置之死地而後生」。但是，誰都不知道什麼時候會到谷底，乾等也不是辦法，我至少可以提供幾點建議，有助於在黑暗中見到希望的曙光。

「一改往常、判若兩人」的良性刺激效果大

首先，請你「打破慣常模式」。每個人的思考脈絡、選擇傾向、情緒反應，都有一定的模式。比方說，每次逛街買衣服，挑來挑去總是同樣款式；又好比說，老是被同樣的事情給惹毛。

人類是「遵循同一模式運作就感到安心」的動物，即便自己遵循的模式一點都不高明，我們還是甘於遷就這麼不高明的運作方式，這是潛意識的「維持現狀法則」在作祟。尤其日子過得愈安穩的人，愈是不願輕言改變，要他們自動做出改變簡直難如登天。但是，不打破自己依賴的固有模式，就不可能有任何轉機。

只不過，在嘗試打破慣常模式之際，切記「不要想一步到位」。這就和居家大掃除，或是減肥一樣，平常習慣了髒亂邋遢，不曾為整理環境或瘦身認真努力過，卻想要一夕間改頭換面，做出成果，必定會遭到潛意識的反彈，落得功虧一簣，但這樣的結果卻被我們錯誤解讀這些努力毫無意義。

接受專家、教練的嚴厲監督指導，或是住進某一類設施機構，接受一定期間的矯正，壞習慣或許可以被改正過來，畢竟人類天生就是受環境形塑的生物。可是並非人人都有足夠的財力找專家、求助機構，可以為此費心盡力的人畢竟有限，所以我建議先從試著打破慣常模式著手。

上街購物時，專挑平常不會買的衣服款式，逛超商特意購買從不會多看一眼的商品，刻意聽平日不會去聽的歌曲、調整睡覺的床位、走一條沒走過的路、一改洗澡總是從頭洗到腳的順序，改從脖子開始洗，穿鞋習慣先穿右腳的人，改從左腳先穿等，刻意改變慣常的行為模式，並且經常提醒自己要重新調整生活秩序。

相信你也有過類似的經驗：老是走同一條路去上班，路上有哪些店家、交通流量變化如何、沿途住了哪些人，你都可以如數家珍；哪天這條熟得不能再熟的路上，忽然開了一家新超商或店家，你會為之眼睛一亮，注意力全被新奇的目標吸引過去。

刻意在自己千篇一律的生活中製造不一樣的驚奇，就是在切斷惡性循環了。

自我改變得慢慢來，不可能一蹴可幾。

Q 6

從今天起，停止負面思考

我老是無法記取教訓，同樣的錯誤一犯再犯，連我都無法原諒自己。我該怎麼辦才好？

想要改變現狀，不再被負面情緒和壞習慣牽著鼻子走，你可以試著把自己一犯再犯的失敗寫下來，或許寫在隨身的小筆記本上，然後對屢犯的失敗擬定改進對策，如同以下例子：

・每天早上出門總是很緊迫，搞得自己慌張又狼狽。

↓前一晚睡覺前，預先把隔天要穿的衣物和必須攜帶的物品準備妥當。

・出門前，習慣先清洗昨天換洗的髒衣服，結果總是延誤出門時間。

↓出門前告訴自己，髒衣服晚點再洗不會怎麼樣。

・總是容易慌張，一緊張就出亂子。

↓每次行動之前，先深吸一口氣。

想要改變自己，就要尋求具體的改進對策。

人大抵都會在同一個窟窿跌了又跌，「明知要小心，卻還是又栽了」，所以與其不斷學習新的成功法則或技巧，不如有效阻止重蹈覆轍，自己也會因此改變，幸福隨之降臨，成功緊接而來。

之所以重複相同的失敗，是因為沒有預先做好「能讓自己成功」的準備。失敗是有原因的，會身陷惡性循環，也必定有充分理由。雖然有準備不保證絕對成功，但事前預做計劃和準備，有助於事後檢討，幫助我們下次做出更有效的調整。

3 持之以恒做好「簡單的小事」，就是件不簡單的事

要切斷「惡性循環」，必定得把握兩大原則：

打破慣常模式，為預防失敗做好規範（為成功預做準備）；貫徹「一兩件小事也無妨，一旦決定就堅持遵守」的原則（緊盯好自己的每一個環節）。重點不在於「至今的舊習慣」，而是「創造新習慣」。

比方說，早上起床先喝一杯溫開水，把脫下來的鞋子整齊擺好，或為了曬太陽，一天至少開一次玄關大門，哪怕只是踏出門外一步都好等之類的小事情，挑一兩件簡單地做，但前提是要堅持做下去。

「做這些小事真的能改變嗎？」不少人滿腹狐疑，而我總是回答他們：「是呀，如果連這樣的小事都做不到，又完全不採取任何行動，那要如何改變現狀呢？」

口口聲聲說「想要改變」，卻絲毫不行動，豈不是相當矛盾呢？「千里之行，始於足下」，只要願意行動，就能一步步改變現狀。

要啟動停滯不前的人生，
就從「跨出小小的一步」開始。

Q 7 嫉妒的背後是因為感到自卑

我很想真心支持對方，但總是不由得生起嫉妒心。常聽人說，對別人的情緒會反作用到自己身上，如果真是這樣，那麼我成功之日莫非也會遭人眼紅？我該如何由衷祝福身邊的人都能得償所願呢？

心理學上有所謂的「情感矛盾」（Ambivalence），是指對某一對象產生矛盾的情感（也稱為認知失調）。

比方說，你欣賞某位尚未走紅的音樂家或演員，看好他潛力無窮，於是成為他的死忠粉絲，為他加油喝采，希望他早日成名，讓更多人認識他的才華。但是，有朝一日他真的大紅大紫，你是否會感到不是滋味：「想當初我可是他的伯樂，只有我懂他的才華，他現在成了大家的目光焦點，人紅以後變得遙不可及，讓我覺得好落寞，真後悔不該把他推到舞台前。」

這種「想要大家都懂得欣賞他」，卻又「不願大家認識他」，就是一種「情感矛盾」。你說，人是不是很奇怪呢？（笑）

嫉妒是源於欲望的不滿足

當你察覺到自己有這樣矛盾心理蠢蠢欲動時，可以將這樣的情緒反應解讀為「自己內心有尚未得到滿足的缺口」，而用「嫉妒別人」的形式表現出來。

正因為害怕承認自己無能，也就是內心有著自卑感，所以讓自己沉溺在嫉妒（走紅以後變得遙不可及）和優越感（他籍籍無名的時候我就懂得他的才華）之中。但其實你自覺罪惡感，所以在潛意識裡藉由繼續關注、支持對方，表示「我在做好事」，來維護心理上的平衡。

明白自己存在的意義、內心充實的人，是不會沉溺在嫉妒和優越感的情緒裡無法自拔的。

因此，當你為矛盾心理所苦時，要意識到自己的內心其實有所恐懼，並且承認自己不願面對恐懼的事實。只要有這樣的自我認知就夠了。

對不必要的念頭和情緒斷然說「NO」！

「我知道他是還沒成氣候的偶像，但他有才華和潛力，這是只有我了解的秘密，才不讓別人知道。」

「這種內行人才懂的好味道，如果說出去讓大家都知道，那我不就再也品嘗不到了。」

「我就是見不得別人好。」

會這樣想，完全是因為你自認沒有發展的潛力，而且還設限自己再也沒有發掘好東西的才華，所以深怕現有的一點成就會被人搶走，匱乏感始終揮之不去。

然而，如果你自認潛力無窮，好點子會源源不絕，即便看別人功成名就你也不會感覺受到威脅。因為你知道自己的能耐是別人學不來的。

對自己沒有信心，所以會眼紅別人的成就，無法由衷祝福別人，由此可見「建立自信心」有多麼重要。想要建立自信，可以從「累積小決斷」開始。

什麼是「小決斷」呢？當你意識到自己的嫉妒和優越感就要傾巢而出時，我希望你趕緊斷然對自己說NO！給予自己和別人肯定，當然也是一種決斷，但是很多人都忽略了，對自認為不必要的東西斷然宣示說NO，這也是了不起的決斷。

如果能夠做到「明辨自己的喜好」，對於必要和不必要的資訊，有自主選擇的能力，那麼「始終不能滿足」和「希望被肯定」的需求也會被你斷然捨棄。至於哪些是你不必要的念頭或情緒，相信你比任何人都明白。

平日就養成「每當意識到負面思考和情緒湧上心頭時，立刻對自己說NO的習慣」，而且要經常反覆修練，直到成為直覺反應。別以為這種事可以臨陣磨槍，否則到時可能會被強大的負面能量所吞噬。

一旦意識到負面情緒出現，便要立即戒斷，停止胡思亂想。

Q8 你有多尊重別人，別人就會多尊重你

如何珍惜自己、對自己好的這些感覺很抽象，實在不知道該怎麼做，請問有哪些具體的方式是我能夠做得到的呢？

在潛意識的世界裡沒有所謂的「主詞」，對別人說的話和對別人的觀感其實全部都是講給自己聽的。也就是說，潛意識沒有自己和他人的區別。不但如此，你真心說的話與隨口的玩笑話，潛意識也不懂得分辨，會把它們全

部當真。

請你想像自己咬一口檸檬，體會這口檸檬在嘴裡的感覺，儘管你並未真的沾到任何一口檸檬，但光只是想像，嘴裡已經分泌好多口水。看恐怖電影也是如此。明知是演戲，你還是會嚇得驚聲尖叫，全身寒毛直豎。

只要讓潛意識有了臨場感，即便只是純粹的想像或虛擬體驗，它都會以為是千真萬確的事實。

讓溫暖的話語和心意循環不已

所以說，善用潛意識的這一特性，正是我們「真心對自己好」的敲門磚。

方法是除了愛自己，也要尊重自己以外的所有人事物，待人處事接物都能謙和有禮。

不只是珍惜那些支持我們基本生活的物資，例如水、電、瓦斯燃料，對於隨身攜帶的手機、正在閱讀的書、使用的桌椅和穿著的衣服，向它們道聲「感謝你一直努力為我服務」也都不為過。

我想部分讀者可能對我的說法感到錯愕，但這必須要用心體會才能明白。

正因為潛意識並沒有人我區別，所以當你不隨手關電燈，不關緊水龍頭，使用東西很粗暴等，你自己也會受到別人漫不經心的對待。換句話說，周遭的人同樣不會把你當一回事地好好珍惜。

人際關係也是一樣的道理，如果對人兇惡奸險、態度冷漠，因為潛意識並沒有人我區別，所以你也會受到周遭的惡意捉弄和冷漠對待。因此，如果想要善待自己，就非得時時善待別人不可。

對人和善體貼、總是彬彬有禮、分享值得一聽的訊息、耐心陪伴，買東西的時候，順便為需要的人隨手帶一份；積極主動給人安慰鼓勵、用LINE或電子郵件與人保持聯繫、發送趣味好笑的照片或影片、分享賺人熱淚的電影或音樂，甚至是致贈我的著作（笑）等都可以。

當你把「給予」這件事做為生活的一部分，你也會受到周遭的重視與珍惜，身邊的人會給你溫暖的話語，肯定你做事認真踏實，讓你知道他很懂你、感謝你。

衣服到處亂丟，和隨便亂丟錢是一樣的！

我在演講場合，經常會提醒聽眾：「你們有誰的房間是襯衫、裙子、襪子四處亂丟的？把這些衣物換成萬元大鈔，你們還會把錢灑得到處都是嗎？襯衫、裙子、襪子難道不是用血汗錢買的？把換下來的衣物隨手亂丟，和亂扔鈔票有何不同呢？」

我想要說的是，把鈔票看得很重要，但對待衣服鞋包卻粗暴不珍惜就是一種「分別心」。這樣的作為是把分別心灌輸給潛意識，遲早有一天，別人也會用大小眼對待你。這是因為有分別心的人，也會大小眼看人，暗自在心中區分「這個人我得好好款待，那個人敷衍兩下就行」。

很多人被我這樣一講，日後紛紛跟我說：「我從此不再亂丟衣物了！」

（笑）像我自己手滑，不小心將手機掉到地上時，我會誠心誠意向手機說「對不起」。當然，如果是在公共場合，可以不必說出聲，在心中默念就好。

從現在起，待人接物處事都態度恭謹，連開關門也要動作輕柔，這麼做就是自重的表現。

愛自己的方法無處不在，無處不是，不必要想太多而為此糾結。

你對別人的所作所為，將會回到自己身上

做到善待自己以後，能大方接受別人的好意也很重要。

對於別人的體貼、小禮物餽贈或善意，就當做是自己平日積攢的「福德定存」期滿領回，欣然接受即可。你因為領受了別人的餽贈或好意而欣喜，

對方也因為你的欣喜而感受到自己施予人的欣喜。

這麼一來，就開啟了善的循環，讓待人接物處事都謙和有禮，成為呼吸吐納一般的自然。

善待自己以外的人事物，最終也會回歸到自己身上。如果你明白其中的運作原理，相信就會有深刻的領悟。而如此重要的運作原理，我留待「後記」再為大家說清楚講明白。

> 好好善待自己以外的人事物，最終這種被珍惜的感覺也會回到自己身上。

後記

人們因為想要變得更好，才會橫生煩惱

每當有人找我聊自己的煩惱時，我都會這樣問他：「你問我該怎麼做才好，但是我要問你，那你自己想怎麼做呢？」對方的回答，其實已經暗示了解決問題的契機。大多數人在問我之前，心中早有定見，自己也很明白該怎麼做，我不過是幫忙推他們一把而已。

既然如此，他們又何必來問我呢？這是因為他們不想為自己的決定負責。倒不是說他們對自己的答案沒信心，他們只是想要在自己搞砸的時候，有個可以推卸責任的藉口。

這樣的人並非真的「煩惱」，他們只是「迷惘」罷了。當然，對於真正煩惱的人，我仍然會提供個人的建議。

此刻正為了某些問題煩惱的人，你的煩惱或許只是因為想要「眼前的事實」或「某個人」如自己所願地做出改變。但是，當你明白了「煩惱的運作原理」，應該就會發現自己的期待是多麼不切實際。

在說明煩惱的運作原理之前，我想先請教大家一個問題：「當你的臉上沾到泥巴，會如何擦去這些泥巴呢？」你應該是對著鏡子，用紙巾擦拭，或是以清水洗掉臉上的泥汙吧！別告訴我說，你會去擦拭或清洗鏡中的自己。我絕不是故意尋各位開心，這個問題牽涉到至關重要的真理。

現在，請把臉上沾到的泥巴，置換成「自己的煩惱」來想想。

所謂「心有煩惱」，就表示內心有個「揮之不去的陰影」，這就形同是心中沾到一團泥巴。蒙著陰影的內心把自己的問題投射到外在世界，也就是從鏡中看到自己內心的汙泥，而表現在與人起紛爭等種種不如意。

因此，當臉上沾到汙泥的時候，我們會擦去或洗去臉上的髒汙，那為何心中沾到汙泥（有煩惱）時，我們卻費勁去擦拭映照在鏡中的影像呢？我們總是力圖改變眼前的人或環境條件，想要把我們自認為問題所在的對象或狀況條件扭轉成自己所要的樣子，將一切控制在自己樂見的模樣。

無論你多麼賣力擦拭、清洗鏡中的自己，都絕對不可能清除掉沾染在臉上的汙泥，不但如此，萬一用力過猛，還可能傷了鏡子。

同樣地，想要用蠻力扭轉身邊的人事物，有可能傷到人，也可能造成狀況或環境條件更加惡化。

「你無法改變別人，唯一能改變的唯有自己。」當我們理解看著鏡子清除臉上汙泥的比喻後，再來看這句話，感受應該會更加深刻才對。

如果你還寄望扭轉眼前的事實或改造對方，那麼請你想想這些話。你應該做的不是想方設法改變外在狀況或別人，而是修正自己的想法、態度或行為，將自己內在鍛鍊得更為強大。

在你山窮水盡疑無路之際，本書俯拾皆是的各種小提示，能幫助各位找到自我調整思考、態度、行動的契機，開創柳暗花明又一村的新出路。

千萬不要一個人悶著頭煩惱，想不開的時候，請翻閱本書，其中自有帶你穿越煩惱迷霧的暗示。

在煩惱之前裹足的何止你一個人，還有更多和你懷著相同煩惱的人，儘管含辛茹苦，仍然盡其所能活得全心全意，所以你只管放心，煩惱歸煩惱，地球仍運轉如常，不會有問題的。

人生不能企求完美如意，只要比昨天的自己多進步一點點，就足以謝天謝地了。而哪怕只是完成一件小小的任務，都應該給自己鼓鼓掌，讚賞自己「做得好」！如此一來，你會發現好日子會一天多過一天。

本書的最後，我要感謝為這次企劃貢獻自己煩惱的諸位格友們，多謝大家的鼎力協助。

你們的煩惱總會幫上誰的忙，所以煩惱並沒有白費呢。由衷感謝參與本書作業的所有相關人士的付出。

人們因為想要變得更好才會橫生煩惱，所以煩惱是督促我們更加美好的生命之寶！

楠戸太臣

人生顧問 401

人生煩惱相談室：

不要讓煩惱解決煩惱！停止擔憂、走出困境、豁然開朗的28個暖心建議

作　者—楠戶太臣
譯　者—胡慧文
主　編—郭香君
責任編輯—龍穎慧
責任企劃—張瑋之
視覺設計—FE設計
內頁排版—新鑫電腦排版工作室

編輯總監—蘇清霖
董事長—趙政岷
出版者—時報文化出版企業股份有限公司
108019台北市和平西路三段二四〇號一至七樓
發行專線—（〇二）二三〇六—六八四二
讀者服務專線—〇八〇〇—二三一—七〇五
（〇二）二三〇四—七一〇三
讀者服務傳真—（〇二）二三〇四—六八五八
郵撥—一九三四四七二四時報文化出版公司
信箱—10899臺北華江橋郵局第九九信箱
時報悅讀網—http://www.readingtimes.com.tw
綠活線臉書—https://www.facebook.com/readingtimesgreenlife
法律顧問—理律法律事務所　陳長文律師、李念祖律師
印　刷—紘億彩色印刷有限公司
初版一刷—二〇二〇年九月十一日
定　價—新臺幣三二〇元
（缺頁或破損的書，請寄回更換）

時報文化出版公司成立於一九七五年，
並於一九九九年股票上櫃公開發行，於二〇〇八年脫離中時集團非屬旺中，
以「尊重智慧與創意的文化事業」為信念。

人生煩惱相談室：不要讓煩惱解決煩惱！停止擔憂、走出困境、豁然開朗的28個暖心建議 / 楠戶太臣 著；胡慧文 譯. -- 初版. -- 臺北市：時報文化, 2020.09
面；　公分. --（人生顧問；401）
譯自：「余計なこと」は全部ゴミ箱へ:そう考えたら、よかったのか!

ISBN 978-957-13-8346-0（平裝）

1.修身　2.生活指導　3.成功法

192.1　　109012462

ISBN 978-957-13-8346-0
Printed in Taiwan